Robert BADINTER

LIBRES ET ÉGAUX...

L'émancipation des Juifs sous la Révolution française (1789-1791)

FAYARD

A mon père,
qui choisit la France
parce qu'elle était la patrie
des Droits de l'homme.

« Les Juifs vinrent. Souffletés annuellement à Toulouse ou pendus entre deux chiens, ils vinrent modestement demander s'ils étaient des hommes. »

MICHELET,
Histoire de la Révolution française,
Livre III, chapitre 2.

AVANT-PROPOS

Certains livres naissent d'un projet longuement mûri. D'autres sont le fruit d'une rencontre, presque d'un hasard. Rien, à dire vrai, ne me prédisposait à m'attacher à l'histoire de l'émancipation des Juifs sous la Révolution. Jusqu'au jour où, suivant pas à pas Condorcet, je rencontrai la délégation des Juifs de Paris, conduite par Maître Godard, venant demander en janvier 1790 à la Commune de Paris de soutenir leur cause auprès de l'Assemblée nationale. Il y avait donc eu sous la Révolution, au sujet de la citoyenneté des Juifs, discussion, résistance et bataille politique. J'allais poursuivre mes recherches plus avant, lorsque ma femme me rappela à mes devoirs : c'était de Condorcet, et non de l'émancipation, que j'avais à me préoccuper dans le moment. Je retournai donc à notre héros, me promettant de revenir un jour à mes Juifs.

Serment tenu. Première découverte : cet événement, si lourd de portée dans l'histoire des Juifs de France et d'Europe, a bien peu compté dans la Révolution. En trente et un mois d'existence, de mai 1789 à septembre 1791, l'Assemblée constituante a consacré au sort des Juifs moins de quarante heures de débats. Sur les 1 315 députés qui ont siégé dans l'Assemblée, une trentaine au plus sont intervenus dans la discussion, et moins d'une dizaine y ont joué un rôle effectif. On comprend que les historiens classiques ne mentionnent pas l'émancipation des Juifs ou n'y fassent qu'une brève allusion. Elle n'a jamais été un temps fort de la Révolution.

Pourtant, à l'analyser de près, cette péripétie se révèle chargée de signification. Car l'émancipation, à la veille de la Révolution, si elle était presque acquise pour les Juifs du Sud-Ouest, et particulièrement pour ceux de Bordeaux, n'était rien moins qu'incertaine pour les autres. Sans doute leur statut d'exclusion ne pouvait-il demeurer en l'état, dans le royaume, après l'édit de tolérance promulgué en faveur des non-catholiques en 1787. Des progrès dans la condition des Juifs étaient inévitables à la fin de l'Ancien Régime. Mais l'égalité absolue de droits avec les sujets catholiques de Sa Majesté Très Chrétienne étaient hors de leur portée, au moins pour la masse des Juifs de l'Est, étrangers par leurs lois, leurs coutumes et leur langue aux populations qui leur demeuraient hostiles. Comme l'écrira (en 1789) le plus éloquent de leurs porte-parole, Berr Isaac Berr : « Nous n'étendions pas nos vues à former les demandes d'une liberté absolue. » La raison politique commandait donc de différer leur émancipation, ou du moins de l'accomplir progressivement en fonction de leur assimilation. Mais cette démarche prudente était inconciliable avec les principes des Droits de l'homme que les Constituants avaient proclamés. Refuser aux Juifs le droit d'être des citoyens comme les autres, aux mêmes conditions que les autres, c'était leur dénier la qualité d'hommes comme les autres, et renier la Révolution elle-même. Ainsi l'émancipation des Juifs apparaît en définitive comme une victoire éclatante de l'idéologie sur le pragmatisme, de la force des principes sur la force des choses.

Certains, aujourd'hui, paraissent soupçonneux envers l'émancipation. Ils y décèlent moins la volonté de donner aux Juifs les droits qui leur avaient été refusés toujours et partout en Europe, que le dessein de résoudre la question juive en faisant disparaître les Juifs comme sujets particuliers au sein de la Nation, en détruisant leurs institutions communautaires, leurs lois propres, bref, en anéantissant leur identité juive. Ils voient moins en l'abbé Grégoire l'inlassable combattant des Droits de l'homme que le prêtre catholique caressant le projet d'une conversion massive des Juifs, aboutissement d'une assimilation complète à la société chrétienne. Et le propos célèbre de Clermont-Tonnerre : « Il faut refuser tout aux Juifs comme nation et tout leur accorder comme citoyens », leur apparaît moins comme l'annonce d'une libération que comme la menace d'une destruction culturelle.

J'avoue ne pas partager ces vues. Que l'histoire des Juifs en Europe, marquée depuis deux siècles par tant de fureurs antisémites et par le génocide, n'ait pas suivi le cours heureux qu'espéraient les champions de l'émancipation, ne diminue pas la reconnaissance que je leur porte comme homme et comme Juif.

Sans doute les champions de l'émancipation ont-ils considéré avec antipathie ou soupçon l'attachement indéfectible des Juifs à leurs lois et coutumes, à leur judéité. Ils y ont vu une forme de ce fanatisme qu'ils détestaient, et une restriction à la souveraineté du peuple. Mais, au-delà de cette réaction négative, ils ont eu le courage d'imputer aux persécutions des chrétiens, et non à la nature des Juifs, les défauts qu'ils leur reprochaient : la passion de l'argent, les pratiques usuraires, l'obscurantisme.

Que les révolutionnaires aient inclus les Juifs dans leur projet unificateur, rien de plus légitime. On ne peut pas poser comme sujet de l'Histoire l'homme en tant qu'être à la fois universel et abstrait, et vouloir conserver aux Juifs leur spécificité, à la « nation juive » sa singularité. Quand Clermont-Tonnerre s'impatiente contre celle-ci, c'est pour mieux faire naître une Nation française une et indivisible. Quand Grégoire s'en prend au yiddish, c'est parce qu'il n'y voit qu'une langue particulière, comme le breton ou le basque qui lui semblent autant d'obstacles à l'unification culturelle de la République.

Par là, il est vrai, les hommes de l'émancipation, s'ils sont les amis des Juifs, apparaissent comme des ennemis objectifs du judaïsme dans la mesure où celui-ci ne se confond pas avec la religion juive. Ce n'était pas l'hostilité au peuple juif qui les animait, mais la foi en l'avenir d'une humanité où tous les hommes seraient libres, égaux et fraternels. Et cette humanité, pour naître, devait d'abord se libérer de ses vieux démons, de ses clivages et de ses conflits : religion contre religion, communauté contre communauté, et, dans ce cas particulier, chrétiens contre Juifs. Le projet révolutionnaire de l'émancipation était bien de faire disparaître le Juif dans l'Homme, tout comme les provinces devaient se fondre dans la Nation, et, dans une perspective plus vaste encore, celle-ci dans l'humanité. A ce projet, démenti par une cruelle histoire, qui pourrait reprocher sa générosité et sa fraternité ?

Car, de l'émancipation, la dimension humaine est trop souvent ignorée. C'était une condition faite d'humiliation, d'exclusion et de misère, que connaissait la grande majorité des Juifs en France à la fin de l'Ancien Régime. Bien sûr, on comptait à Bordeaux des Juifs prospères et respectés, et, çà et là, dans ce grand royaume, des îlots paisibles de judaïsme. Quelques Juifs connaissaient un destin exceptionnel, tel Cerf-Berr, le puissant fournisseur des armées royales dans l'Est, ou Abraham Gradis, le « roi juif » de Bordeaux. Mais ces réussites éclatantes ne sauraient faire oublier la masse des Juifs misérables et méprisés qui peuplaient les ghettos ou les villages de l'Est, ou qui couraient les routes de France.

Or, c'était pour ceux-là, en définitive, que les hommes de l'émancipation soutenaient leur combat. Politiquement, il ne leur était d'aucun profit. Au contraire, il suscitait contre eux les passions de l'antijudaïsme traditionnel, l'accusation d'être vendus aux Juifs et de préférer le peuple déicide à l'Église du Christ. Des Juifs eux-mêmes, ils n'avaient pas à espérer de renfort politique, ni même de reconnaissance immédiate. Simplement, en faisant proclamer la pleine citoyenneté des Juifs en France, le 27 septembre 1791, ils prenaient une mesure véritablement révolutionnaire. Car ils conformaient leur pratique à leurs convictions et faisaient triompher leur idéal, celui des Droits de l'homme, sur les préjugés et la prudence politique. Ils ouvraient aussi une ère nouvelle pour tous les Juifs d'Europe. Car nulle part, sur le continent, même en Angleterre ou en Hollande où ils étaient bien traités, même en Autriche où Joseph II avait pris en leur faveur des mesures importantes, même en Prusse où brillaient les lumières du judaïsme berlinois, les Juifs n'étaient reconnus par la loi comme des citoyens égaux en droits à tous les autres, libérés enfin de siècles de servitude et d'exclusion légale, rendus à la dignité d'homme.

Que les avocats de l'émancipation n'aient pas prévu que le nationalisme issu de la Révolution française substituerait l'antisémitisme moderne à l'antijudaïsme traditionnel, nul ne peut le leur reprocher. Rien ne serait plus injuste que de considérer l'abbé Grégoire avec le regard d'un Juif d'aujourd'hui, survivant ou fils de l'holocauste. C'est tels qu'en eux-mêmes ils étaient, Juifs de l'époque et hommes de l'émancipation, qu'il faut les saisir. C'est au sein du tumulte révolutionnaire où tant d'autres intérêts, infiniment plus pressants, accaparaient l'attention, qu'il faut situer dans sa complexité la lutte politique pour l'émancipation des Juifs. Et même si, après un siècle, éclatait l'affaire Dreyfus, et, cinquante ans plus tard, la plus terrible épreuve qu'aient jamais connue les Juifs, il demeure que c'est en France — et non pas ailleurs en Europe — et pendant la Révolution française — et non pas sous l'Ancien Régime — que les Juifs furent proclamés, par une assemblée souveraine, « libres et égaux ».

Il ne me paraît pas indifférent de le rappeler deux siècles plus tard.

CHAPITRE I

Tels qu'en eux-mêmes...

Le 28 janvier 1789, dans toutes les paroisses de France, furent lues les lettres royales annonçant la convocation des États généraux. « Sa Majesté, proclamait le règlement des élections, désire que des extrémités de son royaume et des habitations les moins connues, chacun fût assuré de faire parvenir jusqu'à elle ses vœux et ses réclamations. »

L'effet fut immense. Pour la première fois depuis cent soixante-dix ans, le Roi interrogeait le peuple, invitait la Nation jusque-là silencieuse à faire entendre sa voix, et chacun, fût-il le plus humble de ses sujets, à s'interroger sur sa condition. « L'esprit de la Révolution qui agitait les bourgeois des villes, écrit Tocqueville, se précipita aussitôt par mille canaux dans cette population agricole... et la pénétra jusqu'au fond[1]. »

Même tenus à l'écart dans les villes, même retirés dans les villages les plus isolés d'Alsace, les Juifs ne

1. Tocqueville, *L'Ancien Régime et la Révolution*, Gallimard, 1953, t. II, p. 125.

purent ignorer l'agitation qui s'était emparée des esprits et des cœurs. De l'Histoire, ils avaient plus souvent connu les péripéties cruelles que les progrès heureux. L'espérance en eux n'était jamais exempte d'inquiétude. Mais, à ce moment, comme tous les habitants du royaume, les Juifs, ou du moins les plus lucides ou les plus entreprenants d'entre eux, s'interrogeaient sur ce qui allait advenir de la « nation juive » en France[1].

Combien sont-ils, ces Juifs ? Cinquante mille, à les en croire[2] ; pas moins de quarante mille, certainement[3]. Dans un royaume qui compte vingt-cinq millions d'habitants, un Juif pour 500 sujets, c'est bien peu au regard d'autres États européens, tels l'Autriche ou la Pologne[4].

De surcroît, ils ne sont établis que dans quelques régions : dans le Sud-Ouest, à Bordeaux et dans la

1. Le terme de nation était communément utilisé pour désigner des communautés ou des populations spécifiques. Ainsi Mirabeau parle-t-il de la nation juive comme de la nation provençale. Et les Juifs utilisent ce vocable pour désigner leurs communautés.

2. *Cf.* « Réponse des Juifs de la province de Lorraine à l'Adresse présentée à l'Assemblée nationale par la Commune de la ville de Strasbourg », 24 juillet 1789, p. 2. *In Adresses, mémoires et pétitions des Juifs, 1789-1794*, in *La Révolution française et l'émancipation des Juifs*, t. V, Edhis, Paris, 1968. *Cf.* « Nouvelles Adresses des Juifs à l'Assemblée nationale », 24 décembre 1789, p. 3. In *Adresses, mémoires... op. cit.*

3. *Cf.* Robert Anchel : « Ils étaient 20 000 à 25 000 en Haute et Basse-Alsace, 2 000 à Metz, 1 500 dans le pays messin, 4 000 en Lorraine, 2 300 à Bordeaux, 1 000 à 1 200 à Saint-Esprit, en face Bayonne. En outre, 2 500 Juifs résidaient à Avignon et dans le comtat Venaissin. Au total, on comptait en France environ 40 000 Juifs. » In *Napoléon et les Juifs*, P.U.F., 1928, pp. 1-2. Il convient d'ajouter les quelque 500 Juifs vivant à Paris, et ceux répandus à travers la France qui n'appartenaient pas à des communautés organisées.

4. Sur une population juive estimée à 2 millions d'individus en Europe, la Pologne en comptait la moitié environ, et l'Empire d'Autriche 270 000.

région de Bayonne ; dans l'Est, en Alsace, en Lorraine et dans les Trois Évêchés de Metz, Toul et Verdun. A Paris résident quelques centaines de Juifs. Dans certaines villes de province, à Toulouse, Marseille, Montpellier, quelques familles sont tolérées. En Avignon et dans le comtat Venaissin, qui relèvent non du Roi, mais de la souveraineté du pape, quelques milliers sont entassés dans des ghettos, les « carrières ». Voilà toute l'implantation juive en France à la veille de la Révolution. Le royaume, à le considérer dans son étendue et la diversité de ses provinces, apparaît ainsi, sauf à l'Est, presque vide de Juifs.

Resserrée en quelques villes, ou plutôt en quelques quartiers, disséminée dans quelques centaines de villages, la « nation juive » est rien moins qu'unie. Une diversité extrême marque la condition des Juifs en France. Fruit d'une histoire douloureuse, parfois cruelle, leur statut varie selon les provinces, les villes, les seigneuries. En vérité, ils ne forment pas une « nation », mais des communautés aux régimes multiples[1]. Et, entre elles, la ligne de partage demeure essentiellement la division entre les sépharades du Midi et les ashkénazes de l'Est.

1. Cette diversité n'était pas originale dans un royaume que Turgot décrivait encore en 1775 comme une « société composée de différents ordres mal unis et d'un peuple dont les membres n'ont entre eux que très peu de liens sociaux ». *Cf.* « Mémoires sur les municipalités », *Œuvres de Turgot*, t. IV, p. 576. *Cf.* Patrick Girard, *La Révolution française et les Juifs*, R. Laffont, Paris, 1989, chapitre I.

Les Juifs de Bordeaux

La plus prospère des communautés juives, la mieux intégrée aussi dans la société de l'Ancien Régime, est sans conteste celle de Bordeaux. Son origine remonte au XVIe siècle. En 1492, Ferdinand et Isabelle avaient ordonné l'expulsion de tous les Juifs du royaume d'Espagne, à moins qu'ils ne se convertissent. Beaucoup passèrent au Portugal où le roi Manuel, plutôt que de les voir partir, les fit baptiser de force. Au milieu du XVIe siècle, il n'y avait plus officiellement de Juifs dans la péninsule. Mais, parmi les convertis, nombreux étaient ceux qui pratiquaient en secret la religion juive. Désignés sous le nom de marranes, ils étaient traqués par l'Inquisition. Bordeaux leur apparaissait comme un refuge[1].

L'établissement dans la ville de ces « nouveaux chrétiens portugais », ainsi qu'on dénommait les marranes, parut aux autorités royales un facteur d'enrichissement. Aussi Henri II, par lettres patentes de 1550, leur accorda-t-il pleine liberté d'aller et venir, de commercer, d'acquérir et de disposer de tous biens, même immobiliers[2]. Le parlement de Paris enregistra sans difficulté ces lettres patentes. Le parlement de Bordeaux se montra plus réticent. Cependant, le 17 mars 1574, à la requête « des marchands portu-

---

1. En 1472, pour développer le commerce maritime, Louis XII avait accordé aux étrangers qui s'établiraient à Bordeaux le droit de commercer librement et l'exemption du droit d'aubaine qui donnait à l'État la propriété des biens d'un étranger mort en France.

2. *Cf.* Pierre Pluchon, *Nègres et Juifs au XVIIIe siècle,* Tallandier, 1984, pp. 48-49.

gais », il rendit un arrêt interdisant « à tous les habitants, quel que soit leur état, soit de molester les nouveaux chrétiens, soit de les forcer à quitter la ville[1] ».

Pendant un siècle et demi, les « nouveaux chrétiens » continuèrent à se comporter en marranes. Ils étaient baptisés, mariés et enterrés suivant le rite catholique, mais ils pratiquaient secrètement la religion juive. Peu à peu, la réalité se fit jour et, à partir de la deuxième moitié du XVIIe siècle, ils furent considérés comme des Juifs. L'intolérance religieuse grandissante de Louis XIV entraîna en 1684, à la veille de la révocation de l'édit de Nantes, l'expulsion de 94 familles juives, parmi les plus pauvres[2]. Mais, par de nouvelles lettres patentes de 1723, Louis XV confirma les privilèges des « marchands portugais ». Désormais, ils étaient officiellement reconnus comme Juifs. Leurs

1. Henri III réaffirma à son avènement en 1574 les lettres patentes de Henri II, qui furent enfin enregistrées par le parlement de Bordeaux le 19 avril 1580. Depuis lors, et jusqu'à la Révolution, ces lettres patentes furent constamment renouvelées par tous les rois. Les lettres de sauvegarde du 11 novembre 1574, accordées par Henri III, révèlent l'hostilité des marchands de Bordeaux à l'égard des « Portugais » : « Des malveillants et envieux dudit trafic [des Portugais] se sont efforcés plusieurs fois de les empêcher, leur imputant faussement et calomnieusement plusieurs crimes pour leur donner occasion d'abandonner la ville et le pays » — *in* Th. Malvezin, *Histoire des Juifs de Bordeaux*, Bordeaux, 1875, pp. 110-111. *Cf.* aussi Frances Malino, *Les Juifs sépharades de Bordeaux, assimilation et émancipation dans la France révolutionnaire et impériale*, traduit de l'anglais par J. Cavignac, Les Cahiers de l'I.A.E.S., n° 5, 1984, chapitre I.

2. Le 21 février 1722, un arrêt du Conseil du Roi ordonna qu'un inventaire détaillé des biens des Juifs établis à Bordeaux et Auch serait dressé pour qu'ils puissent être saisis et remis au Roi. L'intendant de Bordeaux, M. de Coursin, prit la défense des « marchands portugais » en soulignant que leur activité était indispensable à la prospérité de la ville. *Cf. Histoire des Juifs en France*, publiée sous la direction de Bernard Blumenkranz, Toulouse, Privat, 1972, p. 233.

mariages cessèrent d'être célébrés à l'église, et leurs enfants d'être baptisés. Une forte organisation communautaire, la Sedaca, fut créée, d'abord pour s'occuper des Juifs indigents, puis pour veiller au respect des prescriptions religieuses. Elle devint l'organe régulateur de la communauté. Chaque Juif devait sa contribution à la Sedaca. A défaut de l'acquitter, il était exclu de la communauté. Les anciens, choisis parmi les plus riches familles, choisissaient son administrateur, le syndic, et désignaient le rabbin[1].

Ainsi fortement structurée, la communauté juive de Bordeaux prospéra tout au long du XVIIIe siècle. Elle comptait 500 personnes en 1713, 1 598 au recensement de 1751[2], 2 300 en 1788[3]. Certaines familles juives jouaient dans le commerce maritime de la ville un rôle important[4]. La famille Gradis assura l'approvisionnement du Québec pendant la guerre de Sept ans. A sa mort, son chef Abraham Gradis laissa une fortune considérable, estimée pour ses seuls biens mobiliers à 10 millions de livres. Il jouissait de la confiance des

1. *Cf. Histoire des Juifs en France, op. cit.*, p. 235. *Cf.* Malino, *op. cit.*, pp. 23-24.

2. *Cf.* J. Cavignac, *Dictionnaire du judaïsme bordelais aux XVIIIe et XIXe siècles*, Arch. dép. de la Gironde, Bordeaux, 1987, p. 4. Le recensement de 1808 dénombrera 2 063 Juifs.

3. Selon une lettre de David Gradis du 8 avril 1788, citée dans Th. Malvezin, *op. cit.*, p. 246.

4. *Cf.* Lettre de Pudefer, secrétaire de l'intendant de Guyenne Boucher, en 1734 : « Cinq ou six de ces familles font le commerce d'armement et de denrées avec l'Amérique, quelques autres la banque. Leur commerce est très considérable. » F. Malino, *op. cit.*, p. 47. En 1771, Bordeaux réalise près de 40 % du commerce extérieur français. Sur la famille Gradis, « une des plus célèbres sinon la plus célèbre famille israélite de Bordeaux », *cf.* Jean Cavignac : *Dictionnaire du judaïsme bordelais aux XVIIIe et XIXe siècles*, Archives départementales de la Gironde, Bordeaux, 1987, pp. 52 à 57.

ministres[1], et des princes du sang assistèrent à ses obsèques. D'autres négociants juifs, en liaison étroite avec des sépharades établis dans les grandes places commerciales d'Europe, Amsterdam et Londres, accumulèrent d'importantes fortunes, tels les Raba, propriétaires du « Chantilly Bordelais[2] », Antoine Francia, banquier et assureur maritime, Joseph et Jacob Lopes-Dias, agents de change[3]. A Paris, leur représentant, Jacob Rodriguez Pereire, était bien introduit dans les cercles du pouvoir. Fiers de leur réussite, les riches Juifs de Bordeaux — notamment Pereire, Louis Francia, David Gradis — contribuaient avec éclat à la vie intellectuelle de la ville[4].

Aussi la « nation juive portugaise de Bordeaux[5] » mettait-elle son point d'honneur à n'être confondue avec aucune autre. Sa sensibilité et son comportement étaient, au regard des autres Juifs, véritablement

---

1. *Cf.* Lettre du duc de Choiseul, le 13 avril 1762 : « Je vais vous confier, mon cher Gradis, une expédition que j'ai extrêmement à cœur », *in* J. de Maupassant, *Abraham Gradis et l'approvisionnement des colonies*, Bordeaux, 1909, p. 37.

2. *Histoire des Juifs..., op. cit.*, p. 249.

3. *Cf.* Jean Cavignac. Au rôle de la capitation (l'impôt personnel) de Bordeaux pour 1744, 25 % des Juifs payaient plus de 100 livres d'impôt, alors que parmi les chrétiens, 16 % payaient plus de 50 livres. Quant à l'impôt sur les biens (la taille), la communauté des Juifs acquittait la plus forte contribution parmi les corporations ou communautés taxées. *Cf.* Frances Malino, *op. cit.*, pp. 35 et 36. Cependant, la richesse à l'intérieur de la communauté était fort inégalement répartie. Sur 330 chefs de famille juifs, 158 seulement étaient soumis à l'impôt personnel, la capitation.

4. *Cf.* Malino, *op. cit.*, p. 54. Pereire, pédagogue des sourds-muets et grand collectionneur de livres et de gravures, fut reçu en 1774 à l'Académie des Arts de Bordeaux, six ans seulement après la fondation de celle-ci. *Cf.* Barrière, *L'Académie de Bordeaux*, Bordeaux, 1951.

5. C'est la dénomination communément utilisée. *Cf.* « Lettre adressée à l'abbé Grégoire par les députés de la nation juive portugaise de Bordeaux, 14 août 1789 », *in Adresses, mémoires..., op. cit.*, t. V.

aristocratiques. Rien de plus significatif à ce sujet que l'opuscule qu'Isaac de Pinto, Juif « portugais » établi en Hollande, rédigea à la demande de Pereire pour répondre aux féroces attaques de Voltaire contre les Juifs. Pour Pinto, « un Juif portugais de Bordeaux et un Juif allemand de Metz paraissent deux êtres absolument différents[1] ». La description qu'il donne des Juifs de Bordeaux est révélatrice : « Ils ne portent point de barbe, et n'affectent aucune singularité dans leur habillement : les aisés parmi eux poussent la recherche, l'élégance et le faste en ce genre aussi loin que les autres nations de l'Europe, dont ils ne diffèrent que par le culte[2]. » Soulignant la volonté des Juifs « portugais » de tenir à distance les ashkénazes, Pinto ajoute : « Leur divorce avec leurs autres frères est à tel point que si un Juif portugais, en Hollande et en Angleterre, épousait une Juive allemande, il perdrait aussitôt ses prérogatives..., il serait séparé entièrement du corps de la nation[3]. » Les anciens qui assumaient le pouvoir dans la communauté de Bordeaux n'hésitaient d'ailleurs pas à faire expulser de la ville, par l'autorité royale, les Juifs « allemands » qui voulaient s'y établir ou les Juifs pauvres d'Avignon[4]. Il est vrai

1. Isaac Pinto, *Réflexions critiques sur le premier chapitre du VIIe tome des œuvres de Monsieur de Voltaire, au sujet des Juifs*, cité par P. Pluchon, *Nègres et Juifs au XVIIIe siècle, le racisme au siècle des Lumières*, Tallandier, Paris, 1984, *op. cit.*, p. 61.

2. *Ibid.*, p. 61.

3. *Ibid.*

4. Expulsion de Juifs vagabonds de Bordeaux en 1730, de Juifs avignonnais et « tudesques » en 1734, de 35 familles « tudesques et italiennes » en 1744, de 152 Juifs, dont seulement 6 « portugais », en 1761, par le duc de Richelieu à la demande des « syndics de la nation », *in Histoire des Juifs en France, op. cit.*, p. 245.

qu'ils supportaient l'essentiel des lourdes charges de la communauté.

Leur dynamisme commercial était en tout cas à la mesure de leur orgueil et de leur prospérité. Aux Antilles, où le Code noir de 1685 interdisait tout établissement des Juifs, ils ont pris pied en dépit des résistances et des obstacles rencontrés[1]. En 1776, les « Portugais » ont demandé à Louis XVI d'étendre expressément aux colonies les privilèges qui leur avaient été reconnus depuis Henri II à Bordeaux. En 1782, le maréchal de Castries, ministre de la Marine, autorise enfin l'enregistrement à Saint-Domingue des lettres patentes de 1776 accordées aux « Portugais ». Certes, quelques restrictions pèsent encore sur eux : si quelques-uns ont acquis le droit de bourgeoisie, ils ne peuvent accéder à la chambre de commerce et sont exclus des corporations et des fonctions municipales[2]. Mais, à la veille de la Révolution, la nation juive portugaise de Bordeaux brille d'un incomparable éclat parmi toutes les communautés juives de France. Elle en éprouve un juste orgueil, qui s'exprime aussi par le dédain qu'elle marque aux autres.

1. La famille Gradis avait notamment obtenu, le 21 août 1779, des lettres patentes l'autorisant à pratiquer le commerce et à posséder des terres dans toutes les colonies françaises. *Cf.* Henry Léon, *Histoire des Juifs de Bayonne*, 1893, Laffitte Reprints, Marseille, 1976, p. 153. *Cf.* également P. Pluchon, p. 111.

2. Malino, *op. cit.*, p. 44.

Les Juifs de Bayonne

L'autre « nation juive portugaise » est établie plus au sud. En janvier 1597, le parlement de Bordeaux avait ordonné que les « Portugais » qui ne pouvaient justifier de dix ans de domicile dans la ville fussent contraints d'en sortir[1]. Les nouveaux venus gagnèrent alors Peyrehorade, Bidache, Labastide-Clairance et surtout Bayonne. Jaloux de cette concurrence, les corporations de cette ville obtinrent du maire et des échevins leur intervention auprès du Roi afin d'obtenir le départ des « nouveaux chrétiens ». C'est ainsi qu'ils se domicilièrent à Bourg-Saint-Esprit, sur la rive droite de l'Adour, près de Bayonne où ils se rendaient le jour pour les besoins de leur négoce.

Leur nombre s'accrut rapidement. Vers le milieu du XVIIIe siècle, on comptait environ 3 500 Portugais à Bourg-Saint-Esprit[2]. Une organisation communautaire, la Hebera, fut créée sur le modèle de la Secada de Bordeaux ; à ses charges s'ajoutaient le poids de lourds impôts[3] : à la veille de la Révolution, la communauté devait plus de douze mille livres[4]. De

1. Cet arrêt du parlement de Bordeaux fut en fait suscité par les anciens de la communauté juive, effrayés par l'afflux de nouveaux « Portugais » qui accroissaient ses charges. *Cf.* H. Léon, *op. cit.*, p. 19.

2. Expilly, *Dictionnaire géographique, historique et politique des Gaules et de la France*, 1769, t. I, p. 301 ; *cf. Histoire des Juifs en France, op. cit.*, p. 249.

3. Selon Henry Léon, « les Juifs formaient à cette époque le 1/28e de la population [de Bayonne et ses environs] ; et relativement au chiffre de toutes les impositions publiques, ils en payaient le tiers. » *Op. cit.*, p. 151.

4. *Dictionnaire géographique, historique et politique des Gaules et de la France*, 1769, t. I.

surcroît, les autorités locales multipliaient les obstacles à tout développement de l'activité économique des Juifs. De 1692 à 1761, cinq ordonnances furent prises à leur encontre. En 1762, les échevins voulurent les exclure du commerce du chocolat, très prospère à Bayonne, dont ils s'étaient fait une spécialité. Les Juifs protestèrent, saisirent le Conseil du Roi en 1763. Ils demandèrent qu'on leur reconnût « le droit et la possession de faire à Bayonne comme ils font à Bordeaux le commerce de détail[1] ». Leur avocat déclara : « Ils sont régnicoles, ils sont français, ils sont citoyens de Bayonne comme les habitants des faubourgs des Chartrons le sont de Bordeaux[2]. » Les adversaires des Juifs invoquèrent le péril qu'il y aurait à leur permettre d'étendre leurs activités à Bayonne : bientôt, « on verrait à côté de nos églises des synagogues et nos enfants pervertis par l'exemple et la fréquentation des Juifs dont la corruption est portée au plus haut[3]... ». Aucune décision royale n'intervint pour modifier la condition des Juifs de Bourg-Saint-Esprit.

A la veille de la Révolution, elle se révèle moins brillante que celle des « Portugais » de Bordeaux. Sans doute compte-t-on quelques familles opulentes, telles les Nounès, les Castro, les Mendez France[4]. Mais leur éclat n'est guère comparable à celui de leurs coreligionnaires des bords de la Gironde. La communauté se réduit d'ailleurs en nombre : elle ne compte plus

1. Ph. Sagnac, *op. cit.*, p. 8 ; *cf.* Henry Léon, *op. cit.*, p. 69 et suiv.
2. Ph. Sagnac, *ibid.*.
3. *Cf.* Henry Léon, *op. cit.*, p. 161 et pp. 166-167, où l'auteur donne le tableau dressé en 1794 des principales fortunes de la commune de Bourg-Saint-Esprit, dénommée sous la Terreur « Commune Jean-Jacques Rousseau ».
4. *Histoire des Juifs en France*, *op. cit.*, p. 249.

que 2 500 habitants en 1785, et Peyrehorade et Labastide-Clairance, de leur côté, n'abritent plus que quelques familles juives.

Les Juifs du pape

Lors des persécutions de Philippe le Bel, nombre de Juifs vivant dans le midi de la France s'étaient réfugiés dans les possessions transalpines du pape, Avignon et le comtat Venaissin. En 1589, Pie V ordonna l'expulsion des Juifs de tous les domaines pontificaux, à l'exception de Rome et d'Ancône. La mesure ne fut que partiellement exécutée[1]. Mais, en Avignon, à Carpentras, à Cavaillon et à L'Isle, les Juifs furent dorénavant parqués dans certains quartiers, les « carrières », dont ils ne sortaient que le jour. Ils s'y entassaient dans des immeubles qui ne pouvaient gagner qu'en hauteur.

Le président De Brosses, passant par Avignon en 1747, décrit « la juiverie petite et mal bâtie, et les Juifs pauvres comme à leur ordinaire, mais à coup sûr ce n'est pas leur faute[2] ». Ce resserrement interdisait l'accès des « carrières » aux Juifs venus d'autres villes. Même l'hospitalité traditionnelle due aux voyageurs juifs y était sévèrement réglementée[3]. Aussi la popu-

1. De même, une nouvelle bulle d'expulsion du pape Grégoire XIV, en 1593, resta sans effet. *Cf. Histoire des Juifs en France*, *op. cit.*, p. 194.

2. *In* P. Pluchon, *op. cit.*, p. 75.

3. Ainsi, le 18 septembre 1773, un groupe de soixante-dix Juifs « allemands » est refoulé de force hors de la « carrière » de L'Isle, et des mesures identiques sont prises en Avignon. *Cf. Histoire des Juifs en France, op. cit.*, p. 195.

lation juive demeura-t-elle presque stable tout au long du XVIIIe siècle[1].

Ces Juifs relevaient de l'autorité pontificale qui, sous la pression des municipalités locales, se montrait volontiers vexatoire et tatillonne. Les Juifs devaient porter le chapeau jaune, ou une marque distinctive de couleur jaune sur leurs habits. Il leur était interdit de travailler le dimanche hors des « carrières », d'avoir des serviteurs chrétiens. En 1781, le Saint-Office durcit encore ces mesures. Aucun Juif ne put coucher désormais hors des « carrières » sans une autorisation écrite, et un portier chrétien veillait à l'entrée de celles-ci. Leur activité était strictement réglementée : interdiction de faire commerce de marchandises neuves, de denrées alimentaires, de chevaux. Ils ne pouvaient posséder ni terres ni maisons, hormis leur résidence. Le prêt à intérêt qui leur était permis était régi par des dispositions minutieuses[2].

Progressivement, cependant, les Juifs d'Avignon et du comtat Venaissin élargirent le cercle de leurs affaires. Quelques-uns acquirent même des richesses, possédant meubles précieux et habits dorés, et assurant

---

1. Avignon et le comtat Venaissin ne deviendront français qu'à la fin de la Constituante, le 14 septembre 1791, au terme de sanglantes péripéties. 279 individus en 1746, 385 en 1759, 350 en 1789. De même à Carpentras où l'on compte 750 juifs en 1743, un millier en 1780, mais 705 seulement en 1789. A la même date, Cavaillon abrite 200 Juifs environ, et 350 demeurent dans la « carrière de L'Isle-sur-Sorgue ». *Cf.* H.J. de Dranoux *Histoire des Juifs en France, op. cit.*, p. 191. D'après un recensement de 1791, cité par Robert Anchel, Avignon compterait 340 Juifs, *op. cit.*, p. 2, note 3. Selon R. Moulinas, la population juive dans les territoires pontificaux n'aurait pas atteint 3 000 personnes à la veille de la Révolution, *in* « Les Juifs d'Avignon et du comtat Venaissin », *in La Révolution Française et les Juifs, op. cit.*, p. 147.

2. *Cf.* H.J. de Dranoux, *op. cit.*, p. 197.

à leurs enfants une éducation conforme aux exigences du siècle[1]. Mais, en face de quelques belles fortunes, la masse demeurait très pauvre. En 1782, on comptait à Carpentras un tiers de Juifs indigents. Écrasées par les charges et les impôts, les communautés devaient recourir à l'emprunt[2]. Elles étaient fortement organisées et administrées par un Conseil composé de « baylons » ; celui-ci veillait au maintien de la pratique et de l'enseignement religieux, assurait les secours aux pauvres et percevait des taxes sur les membres de la communauté[3].

Lassés des restrictions qu'ils enduraient et des impôts qui les accablaient, nombreux furent les Juifs du comtat à quitter les terres papales et à se répandre dans le Languedoc et en Provence, malgré l'interdiction du parlement d'Aix de s'y établir sous peine du fouet. A la fin du XVIIIe siècle, ce mouvement s'accéléra. Cependant, une certaine convivialité se faisait jour. En 1779, à Carpentras, des chrétiens assistèrent à la synagogue à des mariages et à des baptêmes. Des Juifs furent admis dans des loges maçonniques. En 1784, ils eurent accès à certains cafés. Et en 1786, un

1. *Cf.* Expilly, *op. cit.*, t. II, pp. 105-106.

2. La communauté de L'Isle-sur-Sorgue était en faillite depuis 1778 ; la « carrière » de Carpentras était débitrice en 1786 de 800 000 livres. Il est vrai que ces emprunts paralysaient toute menace d'expulsion des Juifs, leurs créanciers chrétiens s'opposant au départ de leurs débiteurs. Sous le règne de Louis XVI, les Juifs devinrent courtiers, marchands de soieries, de bijoux à Alès, Uzès, Pont-Saint-Esprit, Beaucaire. En 1789, cinquante Juifs de Carpentras sont fixés à Montpellier. A Nîmes, on compte une quarantaine de familles. En 1779 et 1780, quelques familles juives recouvrent l'autorisation de résider à Marseille. On trouve 36 Juifs de Carpentras à Aix, et neuf à Arles en 1789 ; *cf. Histoire des Juifs en France, op. cit.*, pp. 211-212.

3. *Cf.* Patrick Girard, *Pour le meilleur et pour le pire, vingt siècles d'histoire juive en France*, éd. Bibliophane, 1986, pp. 205-206.

certificat du viguier d'Avignon, signé par de nombreux aristocrates et notables de la ville, atteste qu'« il ne lui est jamais revenu que les Juifs eussent donné lieu à une plainte quelconque en ce qui concerne la religion, les mœurs ou le commerce[1] ».

Les Juifs d'Alsace

Bien loin des Juifs sépharades « portugais » ou avignonnais vit dans les provinces d'Alsace, de Lorraine, et dans les Trois-Évêchés de Metz, Toul et Verdun, la masse des Juifs ashkénazes, les « Allemands ». C'est le continent noir du judaïsme de l'Ancien Régime, un archipel de juiveries implantées de longue date comme à Metz, ou peuplées d'immigrés récents venus d'Allemagne ou d'Europe centrale, soumises à une politique séculaire d'exclusion et d'humiliation. A l'écart d'un monde chrétien hostile et méprisant, les Juifs « allemands » mènent une existence misérable qu'éclairent seulement une foi vivace, au rituel exigeant, et une vie familiale chaleureuse.

L'Alsace, en 1789, est de toutes les provinces de France celle qui compte le plus grand nombre de Juifs[2]. Par contraste avec les sépharades du Sud-Ouest,

1. H. J. de Dranoux, *op. cit.*, p. 209.

2. Lors des traités de Westphalie de 1648, qui firent passer la province sous domination française, 2 000 Juifs au plus y étaient établis. Un siècle plus tard, en 1755, ils étaient 13 600, pour une population totale de 450 000 habitants. Le recensement de 1795 fait état de 3 913 familles, soit 19 077 personnes. Sans doute étaient-ils plus nombreux encore : près de 22 000 dans une province qui comptait alors 624 000 habitants. Ainsi les communautés juives d'Alsace représentaient la moitié des Juifs du royaume, et plus de trois pour cent de la population de la

ces Juifs « allemands » ne sont pas des citadins. Ils sont répartis dans 187 communes rurales. Depuis l'époque médiévale, les villes sont en effet hostiles à tout établissement de Juifs, car les corporations marchandes craignent leur concurrence. Au contraire, en Basse-Alsace, les seigneurs les ont volontiers accueillis moyennant un droit spécial « de réception » qui leur assure des ressources non négligeables. En Haute-Alsace, les Juifs versent au Roi une taxe de protection de dix florins et demi par an[1].

Depuis Louis XIV, le pouvoir royal veille au respect des obligations qui pèsent sur eux. Ainsi, ils demeurent interdits de séjour à Strasbourg et ne peuvent y pénétrer que de jour, moyennant un péage corporel spécial de trois livres, « le droit de pied fourchu », qui les assimile aux animaux impurs. Encore doivent-ils être escortés par un valet de ville, le « Gelert », auquel ils versent quatre sous[2]. Au coucher du soleil, on appelle les Juifs à quitter la ville par une « odieuse corne, dont le son lugubre se répand tous les soirs à l'entrée de la nuit, du haut de la cathédrale, et porte la terreur dans l'âme de tous ceux qui n'y sont pas habitués[3] ». En 1784, le péage est supprimé par

province. *Cf. Histoire des Juifs en France, op. cit.*, p. 166 ; et M. Libert, « Les Juifs et la convocation des États Généraux », *Revue des études juives*, t. 63, 1912, pp. 185-186.

1. *Cf.* R. Marx, « La régénération économique des Juifs d'Alsace à l'époque révolutionnaire et napoléonienne », *in Les Juifs et la Révolution française*, Toulouse, Privat, 1972, p. 106.

2. *Histoire des Juifs en France, op. cit.*, p. 152.

3. « Rapport lu à l'Assemblée des amis de la Constitution, à Strasbourg, le 27 février 1790, sur la question de l'état civil des Juifs d'Alsace », p. 26, *in Lettres, mémoires..., op. cit.*, t. V. La charge pesant sur les Juifs était considérable et le profit de la ville important, puisque

Louis XVI[1], mais la corne résonne encore à Strasbourg en 1790.

Partout, en Alsace, un réseau d'interdictions enserre les Juifs. Ils sont exclus des corporations, des arts et des métiers. Ils ne peuvent acheter des immeubles, cultiver la terre, employer des ouvriers agricoles, jouir des biens communaux. Ils sont rejetés vers des activités mineures, le colportage, la friperie, la brocante. Certains, plus entreprenants, font le commerce du bétail et des chevaux[2]. Reste l'usure, le prêt sur gages pratiqué sur une large échelle dans les campagnes, le plus souvent à l'encontre de paysans pauvres. En un temps et dans une province où les établissements de crédit n'existent pas, où survit l'interdiction religieuse du prêt à intérêt, les Juifs, par la force des choses, sont ainsi voués à l'usure pour acquitter les impôts qui les écrasent[3], assurer la survie de leurs familles et celle de leurs coreligionnaires les plus misérables. Mais ce commerce de l'argent les voue à l'hostilité,

l'on dénombrait 20 610 entrées pour 1781 ; cf. *Histoire des Juifs en France, op. cit., ibid.*

1. « Édit du Roi portant exemption des droits de péage corporel sur les Juifs », 17 janvier 1784, *in* D. Feuerwerker, *L'émancipation des Juifs de France de l'Ancien Régime à la fin du second Empire*, Albin Michel, 1976, p. 34.

2. *Cf. Histoire des Juifs en France, op. cit.*, pp. 174-175. *Cf.* Marx, *op. cit.*, p. 106.

3. « Que peut faire parmi nous un Juif qui s'établit ? Je suppose qu'il a mille écus, et je le suppose fortuné ; il sera bien heureux si le seigneur ne lui demande que cent francs pour droit de réception. Il faut qu'il paie à ce seigneur 36 livres pour droit d'habitation au Roi, outre le droit de protection dans l'ancien domaine, la capitation, le vingtième, l'entretien des grands chemins et autres impôts ; à la communauté, autant de fois 2 livres 10 sous qu'il paie de fois 20 sous de capitation... ». *In* « Rapport lu à l'Assemblée des amis de la Constitution de Strasbourg, le 27 février 1790, sur la question de l'état civil des Juifs d'Alsace », p. 19, in *Lettres, mémoires..., op. cit.*, t. V.

parfois à la haine des populations chrétiennes qui les entourent.

En 1778, dans ce climat de tension, éclata l'affaire des fausses quittances. Des paysans, pour se libérer de dettes qu'ils ne pouvaient rembourser, forgèrent, sur le conseil d'escrocs, de fausses quittances libératoires. L'affaire suscita une émotion considérable. Après une instruction minutieuse[1], le Conseil souverain de Colmar condamna les faussaires à des peines sévères. Mais les paysans qui avaient recouru aux fausses quittances obtinrent de longs délais pour rembourser les prêteurs juifs. Le bailli de Lanser, Jean-François Hell, qu'on soupçonnait d'être à l'origine de l'affaire, déclara que les « fausses quittances étaient un crime nécessaire pour sauver les paysans de la rapacité des Juifs[2] ».

Vivant à l'écart des chrétiens, les Juifs s'en distinguent aussi par leurs coutumes et leurs mœurs[3]. Ils

1. D'une enquête effectuée en 1780 par un conseiller du Roi au Conseil souverain d'Alsace, il résulte que les paysans de 88 villages du Sundgau devaient aux Juifs 335 000 livres. La grande masse était composée de créances inférieures à 100 livres. Mais ces dettes s'avéraient lourdes pour des paysans souvent pauvres. *Cf.* Sagnac, *op. cit.*, p. 17 ; *Histoire des Juifs en France, op. cit.*, p. 116.

2. J.F. Hell, *Observations d'un Alsacien sur l'affaire présente des Juifs d'Alsace* (1779). Hell avait orchestré toute l'affaire des fausses quittances afin de nuire aux Juifs. *Cf.* Z. Szajkowski, *Jews and the French Revolutions of 1789, 1830 and 1848*, New York, 1970, p. 202 et suivantes. Hell fut condamné à un bref exil, le 10 juin 1780. De retour en Alsace, il fut salué comme un martyr. Élu à l'Assemblée provinciale d'Alsace de 1787, il inspira divers projets antijuifs. Député aux États généraux en 1789, il combattait l'émancipation des Juifs. Monarchiste conservateur, il fut guillotiné en 1794.

3. *Cf.* le rôle important des rabbins dans les communautés de l'Est, non seulement par leur fonction spirituelle, mais par leurs pouvoirs temporels. Les Juifs relèvent en effet de leurs lois propres, dès lors qu'il s'agit de leur état civil ou de leurs rapports avec d'autres Juifs. Les

répondent à l'exclusion par la fidélité à leurs traditions. Les hommes, revêtus de lévites noires, portent barbes longues et papillottes, les femmes des perruques. Tous mangent exclusivement une nourriture kascher, parlent le dialecte judéo-alsacien, forme particulière de yiddish, et écrivent en caractères hébraïques qui rendent leurs documents inaccessibles aux tiers. La grande majorité d'entre eux mènent une existence misérable : « La nation juive, généralement parlant, vit fort mal, écrit le bailli de Molsheim. Un grand nombre d'entre eux se contente pendant toute une journée d'un morceau de pain ou de quelques pommes, poires et autres fruits suivant la saison[1]. » Il est admis que dix pour cent des Juifs ne vivent que de la charité de leurs coreligionnaires.

De cet océan de misère émergent cependant quelques fortunes exceptionnelles, quelques destins extraordinaires. Tel celui de Cerf-Berr[2], qui jouera un rôle important dans la lutte pour l'émancipation. Né en 1726, en Sarre, dans une localité proche de la Lorraine, Cerf-Berr était le fils d'un commerçant aisé. En 1756, au début de la guerre de Sept ans, le duc de Choiseul lui confia l'approvisionnement de plusieurs régiments. Habile, opiniâtre, efficace, Cerf-Berr gagna la confiance du ministre et devint bientôt un fournisseur important des armées du Roi. Usant de ses protections à la cour, il obtint en 1771 le droit de séjourner à Strasbourg où

rabbins sont donc habilités par le Roi aux fonctions de juges de première instance, et font office de notaires, rédigeant les actes, dressant les inventaires.

1. *Cf.* G. Weill, *op. cit.*, p. 178.

2. *Cf.* R. Levylier, *Notes et documents concernant la famille Cerf-Berr, recueillis par un de ses membres*, Paris, Plon, 1902-1906, 3 vol.

il acheta, grâce à un prête-nom, M. de La Touche, un grand hôtel particulier. En 1775, Louis XV lui accorda des lettres de naturalité. Fort de ses droits, Cerf-Berr ajouta à son hôtel la jouissance de deux immeubles pour y loger sa nombreuse famille et sa « maison », composée de trente-six domestiques. Le Magistrat de Strasbourg (le Conseil exécutif de la ville), furieux, lui intenta un procès pour avoir violé l'interdiction faite à tout Juif de résider dans la ville. A la veille de la Révolution, le procès durait encore.

L'entreprise de grains et fourrage de Cerf-Berr s'étendait sur tout l'est de la France, et jusqu'en Bourgogne. Outre ses fils et gendres, il employait une soixantaine de personnes. En 1786, il acheta la seigneurie de Toublaine, près de Nancy, avec ses droits féodaux[1]. Très pieux, il s'intéressait de près aux affaires de la communauté, dont il devint le syndic général. Pendant tout le règne de Louis XVI, il lutta pour obtenir une amélioration de la condition des Juifs d'Alsace, allant jusqu'à racheter le péage corporel qui pesait sur eux à l'entrée de Strasbourg. Il apparaît ainsi comme l'ancêtre des grands notables juifs du XIXe siècle qui menaient de concert leur fortune et le service de la communauté, hommes d'argent et de foi, d'ambition et de tradition, d'âpreté et de générosité étroitement mêlées.

Devant la fièvre d'antijudaïsme qui montait en Alsace à l'occasion de l'affaire des fausses quittances, Cerf-Berr, alors « préposé général de la nation juive

1. *Cf.* M. Ginsburger, « Les familles Lebmann et Cerf-Berr », *Revue d'études juives*, 59, 1910, p. 106-130. *Cf.* M. Ginsburger, *Cerf-Berr et son époque*, Guebwiller, 1908 ; R. Levylier, *Notes et documents concernant la famille de Cerf-Berr*, *op. cit.*, p. 13.

d'Alsace », jugea indispensable de porter directement devant le Roi la question du sort des Juifs. Il fit rédiger un long mémoire exposant l'état d'oppression fiscale, d'humiliation sociale et d'exclusion économique de ses coreligionnaires[1]. Cerf-Berr proposait trois réformes principales : liberté du commerce, droit de libre établissement, sauf pour les étrangers, et reconnaissance officielle de l'organisation communautaire. Le gouvernement prit l'avis des autorités provinciales. Une commission spéciale fut réunie. De ses travaux naquirent deux textes importants : le premier, d'inspiration humanitaire, l'édit du 17 janvier 1784, exempta les Juifs des droits de péage corporel, notamment à l'entrée de Strasbourg ; le second, d'ordre politique, les lettres patentes du 10 juillet 1784, régla la condition des Juifs d'Alsace jusqu'à la fin de l'Ancien Régime.

Selon les termes de la déclaration royale, ces lettres patentes voulaient concilier « les intérêts des Juifs de notre province d'Alsace avec ceux de nos sujets[2] ». En vérité, elles étaient guidées par une seule préoccupation : mettre fin à la tension suscitée en Alsace par l'usure que pratiquaient les Juifs. La commission spéciale avait envisagé deux moyens principaux : leur assurer d'autres ressources, et limiter leur nombre. L'autorité royale desserra donc l'étau des restrictions économiques qui pesaient sur les Juifs : ils pourraient dorénavant louer des terres, vignes et bois, mais à la condition de les exploiter eux-mêmes, sans l'aide

1. « Mémoire sur l'état des Juifs en Alsace », en annexe à C.W. Dohm, *De la réforme politique des Juifs*, Stock, 1984, pp. 113 à 138.
2. R. Anchel, *Les Juifs de France*, Paris, 1945, p. 215.

d'ouvriers agricoles, et sans pouvoir en devenir propriétaires. Surtout, ils pourraient établir des fabriques, exploiter des mines, faire le commerce de gros et de détail, devenir banquiers. Dans cette disposition, on retrouvait le souci constant des intendants royaux d'utiliser le concours des Juifs pour stimuler l'activité des provinces. Mais, en même temps, des dispositions rigoureuses étaient prises contre l'usure : tout prêt devait être passé en présence de deux témoins, et il était interdit de recourir à l'hébreu[1]. Surtout, pour interdire tout accroissement de la population juive dans la province, les Juifs sans domicile fixe ou n'ayant pas acquitté les droits de protection devaient quitter le royaume. Enfin, pour se marier, les Juifs devaient obtenir une autorisation royale, sur avis de l'intendant.

Les lettres patentes furent mal accueillies, aussi bien par les Juifs que par leurs adversaires. Les communautés juives adressèrent un mémoire au Conseil du Roi, protestant contre les restrictions cruelles dont elles étaient accablées et la condition injuste qui leur était faite au regard des autres communautés du royaume, notamment celles de Metz, Nancy et surtout Bordeaux[2]. En vain Cerf-Berr s'entremit et multiplia les démarches. Le Garde des Sceaux, Miromesnil, resta indifférent à ces représentations. Quant aux ennemis des Juifs, ils ne désarmaient pas. A Strasbourg, écrit en août 1786 un commissaire du Roi, « le Magistrat regarde, ainsi que toute la bourgeoisie, l'admission légale des Juifs comme un fléau destruc-

1. *Cf.* Weill, *op. cit.*, p. 157.
2. *Ibid.*, p. 159.

teur du commerce, de l'industrie et du bon ordre[1] ». L'Assemblée provinciale, réunie en 1787, formula le vœu d'une révision des lettres patentes. La commission intermédiaire qui lui succéda en 1788, où siègeaient des adversaires des Juifs, Hell, Schwendt, Rewbell[2], proposa un projet durcissant les mesures prises en 1784 : limitation stricte des mariages, *numerus clausus* étroit, interdiction totale du prêt d'argent. C'est dans ce climat d'antijudaïsme intense que se déroulèrent en Alsace les élections des députés aux États généraux et la rédaction des cahiers de doléances.

Les Juifs des Trois-Évêchés

Dans les Trois-Évêchés de Metz, Toul et Verdun, la population juive était essentiellement citadine. Elle vivait resserrée dans d'étroits ghettos. Il en était ainsi de Metz dont la communauté juive était la plus importante du royaume. Son histoire était liée au caractère militaire de la ville. Lorsque les troupes françaises occupèrent Metz en 1552, les Juifs n'y purent demeurer. L'établissement d'une forte garnison entraînant de graves problèmes d'approvisionnement et de solde, quelques-uns furent néanmoins autorisés à y venir. En 1567, le gouverneur militaire accorda à quatre familles le droit de s'installer à Metz sous certaines conditions : vivre dans des habitations retirées, payer une redevance annuelle, ne prêter qu'à un

1. R. Levylier, *Notes et documents concernant la famille Cerf-Berr*, *op. cit.*, t. I, p. 5-39.
2. *Cf.* Anchel, *Les Juifs de France*, *op. cit.*, pp. 226-231.

taux d'intérêt fixé par l'autorité royale. La communauté de Metz était née. Deux siècles plus tard, ses représentants écrivaient à l'Assemblée nationale : « Cette communauté est formée de membres originaires de la ville. Ils sont nés sujets du Roi, ils sont les descendants des quatre familles établies dans la cité depuis des siècles[1]. »

La communauté se développa très vite. Le statut particulier dont jouissaient les Juifs dans une ville longtemps placée sous administration militaire, où les possibilités commerciales paraissaient favorables, entraîna un afflux de population juive. « Chasser les Juifs des places frontières, écrit le lieutenant général Tallard en 1694, c'est absolument ruiner le commerce de ces pays[2]. » En dépit des protestations des corporations locales et des arrêts du Parlement, l'essor se poursuivit : douze cents personnes en 1666, quatre cent quatre-vingts ménages, soit plus de trois mille personnes, en 1718. Dans le plat pays messin, de petites communautés s'installèrent aussi avec l'accord des autorités royales.

La communauté de Metz apparaissait alors comme un modèle pour les juiveries du royaume : « Les Juifs jouissaient à Metz de privilèges et de prérogatives qu'ils ne rencontraient dans aucune autre ville du royaume. Ils avaient le libre exercice de la religion. Ils avaient un tribunal particulier, une coutume particulière pour régler leurs conventions et les princi-

1. « Mémoire particulier pour la communauté des Juifs établis à Metz », rédigé par Isaac Berr Bing, Archives parlementaires, IX, p. 446.

2. *Cf.* Anchel, *Les Juifs de France*, *op. cit.*, pp. 179 ; et G. Cahen, *Histoire des Juifs en France*, *op. cit.*, p 83.

paux actes de la vie civile[1]... » Des syndics élus, choisis dans une oligarchie de fournisseurs des armées ou de banquiers, administraient la communauté. Trois rabbins assuraient le culte et l'enseignement religieux. Le grand rabbin de Metz jouissait d'un prestige considérable. Il était élu, et son choix soumis à l'approbation du roi. La communauté était d'ailleurs admise à participer en corps à toutes les cérémonies qui marquaient les naissances, les mariages ou les deuils de la famille royale[2].

Mais, en contrepartie de ces « privilèges », la communauté juive de Metz était écrasée d'impôts et de charges. En 1715, le Régent institua au profit de deux de ses familiers, le duc de Brancas et la comtesse de Fontanes, un droit de « protection » à la charge de la communauté, fixé forfaitairement en 1718 à vingt mille livres par an. D'autres taxes pesaient sur les Juifs : « Ils payent 450 livres à l'Hôpital général, où jamais ils ne sont admis. Ils payent 200 livres annuellement au vicaire de la paroisse, 500 livres pour le logement des gens de guerre, et 200 livres au bailliage[3]... » S'y ajoutaient des présents coutumiers au gouverneur militaire, aux officiers locaux, aux magistrats, etc. Après avoir acquitté ces tributs, la communauté messine devait assurer son entretien et les secours aux indigents : ses dépenses annuelles atteignaient ainsi le chiffre énorme de 150 000 livres à la

1. Déclaration du conseil général de la commune de Metz en 1791, citée par Trebout de Morembert « Les Juifs de Metz et de Lorraine, 1791-1795 », *in Les Juifs et la Révolution française*, *op. cit.*, p. 90.

2. Sous le règne de Louis XVI, son frère, le comte de Provence, fut reçu à la synagogue et béni par le grand rabbin Léon Assen. Cf. *Histoire des Juifs en France*, *op. cit.*, p. 85.

3. « Mémoire particulier... », par Isaac Berr Bing, *op. cit.*, p. 446.

veille de la Révolution, contre 53 000 au début du siècle. Aussi était-elle écrasée de dettes : quatre cents mille livres en 1789[1].

En vain les syndics de la communauté levaient-ils sur ses membres un impôt proportionnel à leur fortune, et taxaient-ils les ventes, les successions, les dots. La communauté ne pouvait faire face à ses obligations. Pour éviter de nouvelles charges, elle se refermait sur elle-même. Vers 1767, nul n'y était admis qu'avec l'accord des syndics et des autorités royales, et contre un droit d'entrée prohibitif de 18 000 livres[2]. La population juive se réduisait en 1788 à 410 ou 420 ménages, soit près de 3 000 personnes, alors que la ville comptait dix mille habitants de plus qu'au début du siècle. Dans le reste de la généralité de Metz, on trouvait en 1788 environ 1 500 Juifs[3].

Sur les Juifs de Metz pesaient toujours des interdictions sévères. Les corporations leur étaient fermées, l'artisanat interdit. Ils ne pouvaient posséder ni terres ni immeubles hors du quartier juif[4]. Quelques-uns faisaient cependant fortune, fournissant l'armée, concluant d'importants marchés de denrées en temps

1. A. Cahen, *Les Juifs de Metz, budget de la communauté*, Mémoire de la Société d'archéologie lorraine, 3e série, t. 3, 1875, pp. 144-149.

2. G. Cahen, *op. cit.*, p. 86.

3. *Cf.* M. Liber, *op. cit.*, *Revue d'études juives*, LXIII, 1902, p. 195.

4. *Cf.* E. Harsomy : « Le quartier juif était situé au nord de la ville et limité à droite de la Moselle par le retranchement de Guise. Ce quartier ne comportait que deux rues (rue des Juifs et quai des Juifs) et des ruelles étroites, malsaines, humides, bordées de vieilles maisons délabrées et surpeuplées, et de deux vieilles synagogues » — *in* « Metz pendant la Révolution », mémoires de l'Académie nationale de Metz, CXXXIX-CXL années, Ve série, t. 59, 1957-1959, Metz, Éditions de Lorraine, 1960, p. 42. *Cf.* R. Clément, *La condition des Juifs de Metz sous l'Ancien Régime*, Paris, 1903.

de guerre ou de disette, usant d'un réseau de correspondants juifs à l'étranger[1]. Des lois somptuaires tentaient de refréner le faste auquel s'abandonnaient les plus riches familles lors des noces et des circoncisions. Le Règlement de 1779 obligeait tous les chefs de famille à porter manteau noir et petit rabat, qui, joints au port de la barbe, les identifiaient aisément. Mais la majorité vivait misérablement. Isaac Berr Bing dépeint « ces figures blêmes, ces fripiers ambulants..., chargés de toutes sortes de guenilles sur lesquelles ils fondent journellement l'espoir d'un pain accompagné de tant d'insultes et de mépris que l'horreur de la famine seule peut déterminer à rechercher... Elles retournent s'enterrer le soir dans ces demeures sombres, vraie image du tombeau, qu'elles partagent avec leurs familles[2] ».

A lire ces lignes écrites en 1787, on comprend pourquoi l'Académie royale de Metz mit au concours cette année-là le sujet : « Peut-on rendre les Juifs plus utiles et plus heureux en France ? »

Les Juifs de Lorraine

D'Alsace et de Metz, les Juifs avaient gagné le duché de Lorraine. Pendant l'occupation de ce duché par les troupes françaises, de 1633 à 1661, puis de 1670 à 1683, le gouverneur avait autorisé plusieurs

1. Ils constituaient, comme le disait un intendant, « une espèce de république et de nation neutre entre les États ». Anchel, *op. cit.*, p. 169.

2. « Lettre du sieur Isaac Berr Bing, Juif de Metz, à l'auteur anonyme d'un écrit intitulé : "Le Cri du citoyen contre les Juifs" », Metz, 1787, p. 51, *in Lettres, mémoires..., op. cit.*

familles juives à résider à Nancy et à Bar-le-Duc. Devant les protestations des municipalités, il avait dû révoquer cette permission[1]. A partir de 1697, dans le duché évacué par la France, le duc Léopold, pressé par les besoins d'argent et désireux de favoriser le commerce dans ses États, autorisa quelques Juifs à s'établir.

L'un d'eux, Samuel Levy, fils d'un banquier et syndic de Metz, put s'installer à Lunéville. Son ascension fut foudroyante. Il jouait à la fois le rôle de banquier du duc et de fournisseur de la cour[2]. En 1715, malgré l'opposition de la Chambre des comptes, il fut nommé receveur général ! En septembre 1717, pour les fêtes juives, il donna en son hôtel de Nancy une somptueuse réception « avec de grandes illuminations qui éclataient de loin au-dehors, et avec leurs cris et chants accoutumés qui étaient entendus des lieux voisins[3]... » La Cour de Nancy jugea pareille assemblée « illicite, scandaleuse et téméraire », et interdit à tout Juif de récidiver sous peine de dix mille livres d'amende[4]. Malheureusement, l'importance des prêts que Samuel avait consentis, notamment au duc Léopold et à l'empereur, et la faillite d'une banque de Francfort, précipitèrent sa banqueroute. Jeté en prison avec sa femme par Léopold, qui se débarrassait ainsi d'un créancier gênant, il fut expulsé de Lorraine en 1721[5].

1. *Cf. Histoire des Juifs en France, op. cit.*, p. 84 ; Pfister, *Histoire de Nancy*, t. III, 1908, pp. 310-328.
2. *Cf. Histoire des Juifs en France, op. cit.*, p. 87.
3. Arrêt de la Cour de Nancy, 17 septembre 1717, *Ordonnances de Lorraine*, t. II, pp. 133-134.
4. *Ibid.*
5. *Cf.* Ginsburger, « Samuel Levy, rabbin et financier », *Revue*

Sa chute entraîna des mesures rigoureuses à l'encontre de ses coreligionnaires. Un édit d'août 1720 remit en vigueur les dispositions antérieures contre l'usure[1]. Le 12 avril 1721, Léopold prononça l'expulsion du duché de tous les Juifs établis après 1680. Soixante-treize ménages seulement, répartis entre vingt-quatre localités, furent autorisés à y demeurer, dont quatre seulement à Nancy[2]. En 1726, les Juifs furent astreints à se regrouper dans des ghettos.

Ces mesures ne résistèrent pas longtemps à l'intérêt économique. En 1733, la régente Élisabeth-Charlotte, veuve de Léopold, porta à 180 le nombre des familles autorisées à vivre dans le duché, sous condition d'acquitter une taxe globale de 10 000 livres par an. L'avènement de Stanislas, qui avait fait preuve en Pologne de bienveillance envers les Juifs, leur ouvrit une période faste en Lorraine. Les restrictions mises en 1728 à leur activité furent levées, et l'on inclut dans la liste des 180 familles tous leurs descendants mâles vivant dans la même maison. Des autorisations spéciales furent accordées à de riches marchands, tel le syndic Isaac Berr, fournisseur de la cour[3].

Après la mort de Stanislas et la réunion de la Lorraine à la France, le *statu quo* fut maintenu. Aussi, en 1789, la Lorraine compte-t-elle près de 500 familles juives, soit 4 000 personnes environ. A Lunéville résident 45 familles, pour la plupart non autorisées à

d'études juives, 65, 1913, pp. 274-300 ; *ibid.*, 66, 1913, pp. 111-133, 263-284.

1. Tout Juif devait se faire accompagner par un « homme de probité » chrétien, désigné par le maire ou le prévôt, qui assisterait à tous les marchés conclus par les Juifs et contresignerait les actes.

2. *Histoire des Juifs en France, op. cit.*, p. 89.

3. *Ibid.*, p. 91.

y demeurer[1]. Nancy abrite 97 ménages, dont 50 sans autorisation. Les Juifs y ont pignon sur rue, tiennent boutique hors du ghetto, pratiquent la vente à l'étalage de soieries et d'étoffes. D'autres introduisent à Nancy le commerce d'épices, se livrent à celui de l'argent, assurent la fourniture des armées ou créent des manufactures[2]. Aussi voit-on dans certaines familles riches « de la recherche dans les meubles et les vêtements, du goût même pour se procurer toutes les jouissances et les douceurs de la vie[3] ».

Des notables aisés, les Goudchaux, les Berr ou les Halphen, constituent une oligarchie qui détient le pouvoir dans la communauté de Lorraine, organisée à l'image de celle de Metz. Grâce à leurs contributions, la situation financière de la communauté de Nancy est équilibrée. Mais la réussite de quelques-uns ne doit pas dissimuler la pauvreté des autres. Nombreux sont ceux qui vivent de la charité[4]. Parlant yiddish et menant une existence misérable, ils joignent dans leur dénuement la masse des Juifs de l'Est. Ils sont en proie à l'antijudaïsme profond des populations. Ainsi, en 1761, trois Juifs accusés de sorcellerie sont pendus, et deux autres envoyés aux galères. Un Juif simple d'esprit est condamné à la même peine pour vol d'hostie[5]. Et en 1788, lors de la disette des grains, des

1. Trébout de Morembert, *op. cit.*, p. 102.
2. *Histoire des Juifs en France*, *op. cit.*, p. 113.
3. Thiery, *Dissertation sur cette question : est-il des moyens de rendre les Juifs plus heureux et plus utiles en France ?*, Paris, 1788, p. 64, *in La Révolution française et les Juifs*, Edhis, Paris, 1968, t. I.
4. J. Godechot, « Les professions des Juifs nancéiens au XVIIIe siècle », *Revue juive de Lorraine*, 2, 1926, pp. 136-138.
5. Pfister, *op. cit.*, t. III, p. 328.

émeutes éclatent à Nancy, dirigées contre les magasins de Cerf-Berr qu'on accuse d'affamer le peuple[1].

Les Juifs de Paris

Paris abrite une très faible population juive : 500 personnes environ en 1789[2]. Là encore, les aléas de l'Histoire expliquent cette situation. Depuis 1394, date de l'édit d'expulsion des Juifs de France, Paris leur est demeuré officiellement interdit : ils n'ont pas le droit d'y résider, sauf autorisation particulière. Sous Louis XIV, quelques familles de « nouveaux chrétiens portugais », profitant de l'ambiguïté de leur condition et appelées là par leurs affaires, y furent tolérées.

Au XVIIIe siècle, le régime s'assouplit. Des Juifs « allemands », en particulier de Metz, gagnent à leur tour Paris[3]. Peu à peu la vie des Juifs de la capitale s'organise. Placés sous la surveillance de la police, ils doivent être munis d'un passeport visé par le lieutenant de police, et loger dans des quartiers déterminés : Saint-Denis et Saint-Martin pour les « Allemands », les plus nombreux ; Saint-Germain-des-Prés pour les « Portugais », les mieux intégrés[4].

A la tête de ces derniers, Jacob Rodriguez Pereire s'occupe activement des intérêts des Juifs sépharades à Paris. Il fait imprimer le recueil des lettres patentes

1. *Ibid.*
2. *Cf.* L. Kahn, *Les Juifs de Paris au XVIIIe siècle*, Paris, 1894 ; *Les Juifs de Paris pendant la Révolution*, Paris, 1899, chapitre Ier.
3. Hildenfinger, *Documents sur les Juifs à Paris au XVIIIe siècle*, Paris, 1913, p. 150.
4. *Histoire des Juifs en France*, *op. cit.*, p. 251.

qui, de Henri II à Louis XV, garantissent leurs droits. Il s'oppose aux corporations marchandes qui réclament en 1767 l'expulsion de tous les Juifs. En 1776, il obtient le renouvellement des lettres patentes par Louis XVI. Il acquiert en 1780, à la Villette, le premier cimetière juif de Paris[1]. C'est avec lui que tout « Portugais » désireux d'obtenir l'autorisation de résider dans la capitale doit se présenter, muni d'un certificat du syndic de sa ville, devant le lieutenant général de police. Il apparaît ainsi comme le véritable représentant de la « nation juive portugaise » à Paris.

Du côté des « Allemands », la situation est moins brillante. Nul exemple, chez eux, des petits-maîtres juifs bordelais qui hantent les cafés à la mode, l'épée au côté[2]. Nombreux sont les colporteurs, fripiers, maquignons, prêteurs sur gages. Certains réussissent à s'établir comme orfèvres et bijoutiers. Le Roi admet même quelques-uns d'entre eux à la maîtrise de marchand-mercier-joaillier de Paris. Les corporations réagissent en faisant saisir par leurs gardes les marchandises de plusieurs Juifs. Et, en 1777, le Conseil du Roi renouvelle l'interdiction faite aux Juifs d'exercer de tels commerces à Paris[3].

Cependant, quelques Juifs fournisseurs des armées ou banquiers gagnent fortune et influence : tels Liefman Calmer, qui obtient des lettres de naturalité et se rend acquéreur d'une baronnie qui lui vaut, sans même se convertir, la qualité de vidame de la cathédrale

1. Hildenfinger, *op. cit.*, p. 150.
2. L. Kahn, *Les Juifs de Paris...*, *op. cit.*, p. 53.
3. Arrêt du Conseil du Roi du 7 février 1777 ; *cf.* Sagnac, *op. cit.*, p. 23.

d'Amiens[1] ; ou le puissant Cerf-Berr que des affaires considérables retiennent à Paris près du pouvoir central, et qui, en 1789, acquiert pour les Juifs « allemands » le cimetière de Montrouge[2].

Si les Juifs de Paris constituent ainsi des petits groupes d'hommes entreprenants, s'ils ont synagogues[3] et rabbins, ils ne forment cependant pas une communauté organisée à l'image de celles de Metz ou de Bordeaux. Par la variété de leurs origines et de leur statut social, ils apparaissent plutôt comme une reproduction en miniature de la « nation juive » en France : une mosaïque composite de groupes aux situations très diverses, enserrés dans un cadre qu'ils s'efforcent de briser.

Le dynamisme des Juifs

Le développement économique, les progrès des Lumières, les relations croissantes avec le monde chrétien, tous ces facteurs ont fait naître, chez les Juifs les plus dynamiques et les plus mêlés à la vie du siècle, la volonté d'échapper aux contraintes et aux humiliations d'un statut archaïque. Les négociants « portugais » de Bordeaux, grande cité maritime qui vit pour une bonne part du commerce avec les colonies, ressentent comme une intolérable barrière

1. *Histoire des Juifs en France, op. cit.*, p. 250.
2. Hildenfinger, *op. cit.*, p. 23.
3. Les Juifs sépharades avaient pour lieu de culte des locaux situés rue Saint-André-des-Arts. Les ashkénazes se réunissaient à l'hôtel du Chariot d'Or, rue Turbigo. *Cf.* Roger Beng, « Synagogues à Paris », *in Vieilles maisons françaises*, n° 988, n° 124, p. 80.

l'interdiction faite aux Juifs, par le Code noir de 1685, de s'établir aux Antilles. Aussi les voit-on s'implanter irrésistiblement à la Martinique et surtout à Saint-Domingue, y acquérir des plantations, y posséder des esclaves noirs[1]. De même, les négociants du comtat Venaissin, qui courent les routes et les foires et dont certains ont conquis la fortune, ne supportent plus d'être obligés, en Avignon, au port du chapeau jaune, et parqués le soir venu dans les « carrières » dont les issues sont fermées par des chaînes. Ils quittent donc les terres pontificales, et essaiment le midi de la France[2]. En Alsace, Cerf-Berr, fort de sa richesse et de ses appuis, n'hésite pas à défier les interdits et les autorités municipales en s'établissant, avec sa famille et sa nombreuse domesticité, au cœur même de Strasbourg[3]. De même à Paris où les Juifs, en principe, n'ont pas le droit de résider, le fait que certains d'entre eux s'exhibent dans les lieux publics, voire se collettent avec les agents du lieutenant de police[4], témoigne de leur refus de se plier à des règlements surannés.

Ainsi, dans la France complexe de la fin de l'Ancien Régime, les Juifs n'échappent pas à l'effervescence et à la contestation de l'ordre établi. Cette remise en question gagne les communautés elles-mêmes, où les autorités traditionnelles sont parfois discutées[5]. Loin d'être un bloc monolithique et figé, la « nation juive », dans son étonnante diversité, apparaît, à la veille de

1. *Cf.* P. Pluchon, *op. cit.*, 2e partie, chapitre II, « Les Juifs de Saint-Domingue ».
2. *Cf. Histoire des Juifs en France, op. cit.*, pp. 210-211.
3. *Cf.* Levylier, *op. cit.*, pp. 15 et 16.
4. Léon Kahn, *op. cit.*, p. 53.
5. *Cf.* Patrick Girard, *La Révolution Française et les Juifs*, Robert Laffont, Paris, 1989, p. 47 et suivantes.

la Révolution, frémissante d'impatience et aspirant, par la voix de ses éléments les plus dynamiques, à une transformation radicale de sa condition. Mais celle-ci dépend moins d'elle que de son environnement chrétien.

« Le plus abominable peuple de la terre » (Voltaire)

En vérité, le siècle des Lumières n'a pas libéré la France de l'antijudaïsme traditionnel[1]. En 1689, Mme de Sévigné écrit à sa fille : « Cette haine qu'on a pour eux [les Juifs] est extraordinaire[2]. » Cent ans après, Malesherbes, s'adressant au Roi, constate avec mélancolie : « Il existe encore dans le cœur des chrétiens une haine très forte contre la nation juive[3]... »

De cette hostilité, les expressions sont multiples. Singulièrement, elle revêt sa forme la plus vive chez Voltaire, qui se veut pourtant le champion de la lutte pour la tolérance. Tout au long de sa vie, son aversion ne désarme pas « contre le plus abominable peuple de la terre[4] ». En 1745, il s'écrie dans le *Dictionnaire philosophique* : « Vous ne trouverez en eux qu'un peuple ignorant et barbare qui joint depuis longtemps

1. *Cf.* Notamment Léon Poliakov, *Histoire de l'antisémitisme*, Calmann-Lévy, Paris, 1981, t. III, « De Voltaire à Wagner », Calmann-Lévy, 1968, pp. 38 à 45 et 88 à 173. Et Chevalier, *L'antisémitisme*, préface de F. Bourricaud, Éditions du Cerf, 1988, p. 269.
2. Lettre du 26 juin 1689 à Mme de Grignan, La Pléiade, Paris, 1957, t. III, p. 456.
3. Pierre Grosclaude, *Malesherbes, témoin et interprète de son temps*, Paris, 1961, p. 405.
4. *Dictionnaire philosophique*, article « Anthropologie ».

la plus sordide avarice à la plus détestable superstition. » Il a beau ajouter qu'« il ne faut pourtant pas les brûler[1]... », en 1773, il écrit au chevalier de Lisle : « Ces déprépucés d'Israël... n'en sont pas moins les plus grands gueux qui aient jamais souillé la face du globe[2]. » Et à Isaac Pinto, il répond avec une ironie méprisante : « Je vous dirai avec la même franchise que bien des gens ne peuvent souffrir ni vos lois, ni vos livres, ni vos superstitions. Ils disent que votre nation s'est fait de tout temps beaucoup de mal à elle-même et en a fait au genre humain. Si vous êtes philosophe comme vous paraissez l'être, vous penserez comme ces messieurs, mais vous ne le direz pas[3]... »

Sans doute Montesquieu dénonce-t-il, dans sa « *Très humble remontrance aux inquisiteurs d'Espagne et de Portugal*[4] », le fanatisme qui, au nom du Christ, jette les Juifs aux bûchers, mais il n'envisage pas de leur accorder des droits égaux aux chrétiens. Réfléchissant aux moyens « de rendre le royaume florissant et rétablir les finances », il propose de supprimer « toutes les taxes données à des particuliers sur les Juifs » et de leur « vendre des privilèges plus étendus moyennant une somme payable en effets royaux pendant trois ans, d'une valeur de un million de revenus[5]... »

1. *Ibid.*, article « Juifs ».
2. Lettre du 15 décembre 1773, LXVIII, p. 252. *Cf.* Poliakov, *op. cit.*, p. 107.
3. Lettre du 21 juillet 1762. *Cf.* P. Pluchon, *op. cit.*, p. 298.
4. *De l'esprit des lois*, Livre XXV, chapitre XIII. « Vous vivez dans un siècle où la lumière naturelle est plus vive qu'elle n'a jamais été, où la philosophie a éclairé les esprits... Si donc vous ne revenez pas de vos anciens préjugés, qui, si vous n'y prenez garde, sont vos passions, il faut avouer que vous êtes incorrigibles. »
5. *Cf.* Poliakov, *op. cit.*, p. 100.

Il suggère la fondation d'une ville juive dans le royaume, « sur la frontière d'Espagne, dans un lieu propre pour le commerce, comme à Saint-Jean-de-Luz ou à Ciboure. Ils y passeraient en foule et achèveraient de porter toutes les richesses qu'ils ont dans ce royaume[1] ». Analyse d'un grand magistrat bordelais qui a mesuré la contribution de la « nation juive portugaise » à la prospérité de sa ville ; mais approche mercantile, où la tolérance envers les Juifs et leurs « privilèges » leur sont vendus au prix fort.

Montesquieu reprend là une démarche constante au XVIIIe siècle : « Les Juifs, révèle la grande *Encyclopédie*, sont aujourd'hui tolérés en France, en Allemagne, en Pologne, en Hollande, en Angleterre, à Rome, à Venise, moyennant des tributs qu'ils payent aux princes[2]. » A l'article « Juifs », le chevalier de Jaucourt rappelle : « La Hollande et l'Angleterre, animées des plus nobles principes, ... leur ont accordé toutes les douceurs possibles sous la protection invariable de leur gouvernement », alors qu'« on s'est fort mal trouvé en France de les avoir chassés... » Les Encyclopédistes voient l'intérêt que peut avoir un État moderne à laisser les Juifs exercer leur commerce. Ils refusent les excès du fanatisme et dénoncent l'intolérance, y compris celle des Juifs eux-mêmes. Mais la tolérance n'est pas encore la liberté, et encore moins l'égalité.

La démarche de Rousseau est plus complexe. Il dépeint les Juifs de l'Antiquité, conformément à l'imagerie séculaire chrétienne, comme « le plus vil

1. *Ibid.*
2. Article « judaïsme » ; *cf.* Poliakov, *op. cit.*, p. 131.

peuple qui peut-être existât alors[1] »... Mais il dénonce la cruelle servitude que connaissent les Juifs : « Les malheureux se sentent à notre discrétion. La tyrannie qu'on exerce envers eux les rend craintifs ; ils savent combien peu l'injustice et la cruauté coûtent à la charité chrétienne[2]. » Et Rousseau rend hommage au peuple juif de la diaspora, « épars, dispersé sur la terre, asservi, persécuté, méprisé de toutes les nations, [qui a] conservé pourtant ses caractéristiques, ses lois, ses mœurs, son amour patriotique de la première union sociale, quand tous les liens paraissent rompus... Athènes, Sparte, Rome ont péri et n'ont plus laissé d'enfants sur la terre ; Sion défaite n'a pas perdu les siens[3] ». Éloge rare en un temps où les Philosophes sont plus enclins à considérer l'attachement des Juifs à leurs pratiques religieuses comme l'expression du préjugé et de l'ignorance[4]. Au mieux, les Philosophes prônent la tolérance. Au pire, ils demeurent pénétrés de l'antijudaïsme traditionnel.

---

1. *Cf.* Poliakov, *op. cit.*, p. 121.
2. *Émile,* Livre IV, *in* J.-J. Rousseau, œuvres complètes, La Pléiade, 1969, tome IV, p. 64.
3. Pages inédites de Rousseau, conservées à la bibliothèque de Neuchâtel. *Cf.* Poliakov, *op. cit.*, p. 123.
4. *Cf.*, notamment sur l'antijudaïsme d'Holbach, Poliakov, *op. cit.*, p. 138 à 141. De même, l'écrivain Louis-Sébastien Mercier publie en 1786 un roman d'anticipation, *L'an 2440, rêve s'il en fut jamais,* où il évoque la prolifération des Juifs, leur entreprise de domination de l'Europe et les mesures nécessaires pour les combattre, en des termes qui préfigurent l'antisémitisme moderne ; *cf.* Poliakov, *ibid.*, pp. 165-166.

L'antijudaïsme

Il se nourrit à deux sources : l'une religieuse, l'autre économique.

L'anathème jeté par l'Église pendant des siècles contre le peuple déicide a engendré une hostilité et une méfiance persistantes dans le royaume envers un groupe qui paraît étranger par sa foi, ses pratiques et parfois sa langue[1]. Les manifestations d'exclusion et de rejet sont constantes à l'encontre des Juifs. Même à Bordeaux où les « Portugais » paraissent les mieux intégrés, le petit peuple déteste les Juifs, et des légendes atroces courent sur leur compte, notamment à propos de rapts d'enfants[2]. En janvier 1755, des étudiants armés de bâtons rossent les « Portugais » et brisent les vitres de leurs maisons[3]. En Avignon, le port du chapeau jaune, auquel ils sont astreints, les désigne à de permanentes avanies[4].

Dans les provinces de l'Est, l'hostilité est plus vive encore. La crasse des ghettos surpeuplés engendre mépris et répulsion. On ne s'interroge pas sur les causes de cette misère, on l'impute aux Juifs eux-mêmes dont on fuit la compagnie : « On n'est pas sainement au milieu de ces Juifs », écrit un voyageur qui refuse d'assister, à Metz, à un mariage à la synagogue. A Strasbourg, la Société des amis de la

1. *Cf.* Y. Chevalier, *L'Antisémitisme, op. cit.*, pp. 268 et suivantes.
2. *Cf.* Batel et Poussin, *La vie quotidienne à Bordeaux au XVIIIe siècle*, Paris, 1980.
3. P. Pluchon, *op. cit.*, p. 60.
4. Marlin, *Voyages en France et pays circonvoisins depuis 1775 jusqu'en 1807*, Paris, 1817, t. I, p. 48

Constitution déplorera en 1790 les « impertinentes fables contées chaque jour aux enfants contre les Juifs, qui... jettent dans leur cœur des germes de haine qui se développent par l'éducation, s'enracinent et deviennent indestructibles... Les préjugés dont le peuple de Strasbourg est imbu, sa haine aveugle contre les Juifs doivent en grande partie leur origine... aux ridicules histoires qu'on leur a racontées et dont la tradition se conserve religieusement[1] ». Les brochures pour enfants, largement répandues dans les campagnes par les colporteurs, qu'il s'agisse de catéchismes ou d'ouvrages laïcs, dépeignent toujours les Juifs sous les traits les plus sombres : « ingrats, infidèles et cruels ».

Aux passions de l'imaginaire s'ajoutent des considérations économiques. Pour les commerçants et artisans, le Juif constitue un concurrent effectif ou potentiel qu'il faut réduire ou éliminer. La lutte se poursuit tout au long du XVIIIe siècle contre les efforts persistants des Juifs pour briser l'étau d'interdictions qui les enserre. « Les Juifs s'empareront bientôt du commerce de la France », s'écrient les marchands de Gien en 1732[2]. « Nous vous supplions d'arrêter les progrès de cette nation, qui bouleverseront inévitablement tout le commerce[3] », proclament les députés du commerce de Montpellier en 1734. « Cette nation juive ne semble ramper que pour mieux s'élever et s'enrichir[4] », déclare la chambre de commerce de

1. « Rapport lu à l'assemblée de la Société des Amis de la Constitution, le 27 février 1790, sur la question de l'état des Juifs d'Alsace », pp. 26-27, *in La Révolution Française et les juifs*, t. VIII, Edhis, Paris, 1968.

2. Poliakov, *op. cit.*, t. III, p. 39.

3. *Ibid.*

4. *Histoire des Juifs en France*, *op. cit.*, p. 268.

Toulouse en 1744. Les commerçants d'Aurillac s'adressent à l'intendant du Roi pour demander l'expulsion de commerçants juifs, en dénonçant « les Juifs [qui] se font une étude de surprendre par des marchés captieux[1] ». Et en 1765, dans une requête des marchands et négociants de Paris contre l'admission des Juifs, leur avocat écrit : « On peut comparer les Juifs à des guêpes qui ne s'introduisent dans les ruches que pour tuer les abeilles, leur ouvrir le ventre et en tirer le miel qui est dans les entrailles[2]. »

De tels propos sont monnaie courante dans les corporations où le mercantilisme se conjugue à l'antijudaïsme pour confiner les Juifs dans le cercle étroit d'activités où ils sont relégués. Aussi les procès se multiplient-ils, et les parlements veillent avec vigilance au respect des interdictions. Que des marchands juifs de Bordeaux tentent de s'installer à La Rochelle, et défense leur est faite d'y commercer[3]. Que des « Portugais » se transportent trois à quatre fois par an à Nevers pour leurs affaires, et défense leur est faite de s'y rendre[4]. La même prohibition est édictée contre tout établissement de Juifs dans la province[5]. Le parlement d'Aix interdit aux Juifs du comtat Venaissin de tenter fortune en Provence sous peine du fouet[6]. A Bayonne, la guerre du chocolat oppose les corporations de Bayonne aux marchands juifs de Bourg-Saint-

1. P. Pluchon, *op. cit.*, p. 80.
2. L. Poliakov, *ibid.*, p. 4.
3. Parlement de Paris, arrêt du 22 août 1729, *in* Ph. Sagnac, *op. cit.*, p. 7.
4. Arrêt du Conseil du Roi, 13 avril 1740.
5. Ph. Sagnac, *op. cit.*, p. 9.
6. *Ibid.*

Esprit[1]. A Paris, sous Louis XVI, les corps marchands combattent la délivrance par le Roi de maîtrises de joailliers à des Juifs et obtiennent gain de cause[2] devant le Conseil du Roi.

Dans les provinces de l'Est, c'est l'usure qui nourrit dans les populations la haine des Juifs. Celle-ci atteint des formes paroxystiques. En 1777, lors de l'affaire des fausses quittances, « des hommes décorés de faux cordons publièrent hautement que l'heure était arrivée d'exterminer les Juifs. Ils ameutèrent le peuple et indiquèrent, pour le massacre général des Juifs, le 30 septembre, jour pendant lequel ils devaient être réunis dans les synagogues pour s'y livrer à la prière pendant vingt-quatre heures[3] ». Grâce à l'intervention des troupes, ce projet de Saint-Barthélemy des Juifs fut déjoué : mais qu'un tel appel au meurtre collectif eût été lancé sous le règne de Louis XVI montre l'intensité des passions antijuives qui sévissaient alors en Basse-Alsace.

Face à l'hostilité de l'opinion[4], quelle est l'attitude des pouvoirs publics ? Les parlements se montrent attentifs au respect des interdictions multiples qui

1. *Cf.* ci-dessus, p. 27.

2. Arrêt du Conseil du Roi du 7 février 1777.

3. « Lettre d'un Alsacien sur les Juifs d'Alsace à M. Rewbell, député de cette province à l'Assemblée nationale », pp. 15-16, *in* « Lettres, mémoires et publications diverses », *in La Révolution Française et les Juifs*, Edhis, Paris, 1968, t. VIII.

4. Dans le *Dictionnaire universel français et latin*, vulgairement appelé dictionnaire de Trévoux », 1771-1772, on lit au mot *Juif* : « On dit familièrement : "J'aimerais mieux être entre les mains des Juifs", pour dire de gens durs et impitoyables. En parlant d'un marchand qui vend trop cher ou qui prête à usure, on dit : "C'est un Juif, un vrai, un franc Juif". On le dit même de tout homme qui montre une grande avidité pour l'argent... », t. V, p. 302.

pèsent sur les Juifs[1]. Celui de Paris refuse d'enregistrer l'édit du 17 janvier 1784 supprimant les droits de péage corporel perçus sur eux, en dépit des lettres expresses du Roi à cette fin, au motif que « cet édit était infiniment dangereux par ses conséquences, parce qu'il comporterait la reconnaissance publique que les Juifs ont un droit d'habitation dans le royaume[2] ». En juin 1788, les parlements de Bordeaux et de Toulouse n'avaient pas encore enregistré cet édit de 1784. De même, le parlement de Metz n'accepte d'enregistrer l'édit du 28 novembre 1787, reconnaissant aux non-catholiques le droit à un état civil, qu'« à charge, en ce qui concerne les Juifs du ressort, qu'il ne sera en rien innové et que les édits, déclarations et règlements qui leur sont propres continueront d'être exécutés à leur égard[3] ». Précision ou plutôt adjonction significative, qui exclut les Juifs de Metz du bénéfice de l'édit de tolérance !

Le parlement de Toulouse se montre plus agressif encore dans ses remontrances au Roi, le 1er avril 1788 : « Établir en loi positive et générale que les ennemis les plus acharnés du nom chrétien, tels que les Juifs, les païens, les mahométans, ne seront point exclus des fonctions municipales..., c'est là dire une disposition à

---

1. *Cf.* H. Linguet, avocat et publiciste, commentant un arrêt rendu par le parlement de Paris le 21 juillet 1777 : « L'habitude, la religion, la politique, la raison peut-être ou du moins un instinct justifié par bien des raisons, nous commandent d'attacher au nom de "Juif" autant de mépris que d'aversion ». Cité par Poliakov, *op. cit.*, p. 42.

2. Archives départementales de la Moselle, B. 100, man. fos. pp. 276-280.

3. *Cf.* D. Feuerwerker, *op. cit.*, p. 44.

laquelle on ne devait point s'attendre de la part de Votre Majesté[1]... »

Du côté de l'administration royale, et surtout des intendants, bien informés des réalités économiques, l'attitude à l'égard des Juifs est toute pragmatique. Aux plaintes des marchands de Toulouse, l'intendant fait répondre : « Le meilleur parti qu'ils puissent prendre, c'est assortir leurs magasins des mêmes qualités que les Juifs y apportent et de se contenter d'un profit moindre qu'ils ne le font. » A ceux de Béziers : « S'ils se plaignent du préjudice que les Juifs leur causent, c'est leur faute. Ils ne doivent pas écorcher le public et chercher à faire des profits considérables. » A ceux de Montpellier : « C'est la différence du peu de profit auquel les Juifs se réduisent, à l'excessive cherté des prix que les marchands mettent à leurs étoffes, qui a déterminé le public[2]... » De même, l'intendant du Languedoc, constatant que les Juifs d'Avignon ont importé du Poitou des bovins et des chevaux, suscitant la colère de la corporation des maquignons, écrit : « Les Juifs ont vendu leurs bestiaux à des prix convenables et proportionnés aux facultés des gens de la campagne[3]... »

A l'inverse, en Alsace, l'intendant du Roi, La Galaizière, qui connaît l'hostilité de la population aux Juifs, s'oppose à la demande de Cerf-Berr que leur soit reconnue la liberté du commerce et du domicile[4].

1. *Ibid.*, p. 158.
2. L. Poliakov, *op. cit.*, p. 39.
3. N. Roulin, « La vie commerciale des Juifs comtadins en Languedoc au XVIIIe siècle », *Revue d'études juives*, XXXIV-XXXVI, 1896-1897, p. 98.
4. *Histoire des Juifs en France, op. cit.*, pp. 156 et 158.

La Galaizière entend lutter contre l'accroissement de la population juive de la province. Il propose l'expulsion massive des immigrés juifs récents. Par les lettres patentes de juillet 1784, il obtient qu'aucun mariage entre Juifs ne puisse être célébré sans l'autorisation du Roi, sur proposition de l'intendant. Malgré les protestations que déclenche cette disposition, elle n'en est pas moins appliquée par l'administration royale, de 1784 à 1789, avec une relative sévérité. Certes, les Juifs déjà établis en Alsace obtiennent sans difficulté l'autorisation de se marier ; mais elle est systématiquement refusée aux immigrés de fraîche date. Une ordonnance expulsant d'Alsace tous les Juifs non enregistrés est même prise le 13 décembre 1788. Seuls les événements interdiront son exécution. Mais ces mesures adoptées à la veille même de la Révolution montrent que, sur le sort des Juifs, le gouvernement de Louis XVI n'avait pas encore arrêté sa politique[1].

1. *Cf.* R. Anchel, « Les lettres patentes du 10 juillet 1784 », *Revue d'études juives*, 1932, pp. 133-134.

CHAPITRE II

L'aube

Les « Lumières » de Berlin

Les premières lueurs parurent à l'Est. Depuis le XVIe siècle, les quelque trois cents États du Saint-Empire romain germanique décidaient souverainement du sort de leurs Juifs. Pressés par les besoins d'argent ou désireux de favoriser le commerce, les princes ou les municipalités leur accordaient le droit de résidence et de commerce contre des taxes élevées. Jouant des rivalités et conflits entre ces principautés multiples, les Juifs s'étaient insérés en profondeur dans la vie économique. Aux grandes foires, à Leipzig, à la fin du XVIIIe siècle, on comptait 25 % de marchands juifs. A Francfort, principale place financière de l'Allemagne, ils étaient plus de trois mille, entassés dans le ghetto. « L'étroitesse, la saleté, l'agitation, l'accent d'un idiome déplaisant à l'oreille, tout cela produisait une impression fort désagréable[1] », écrit Goethe, évoquant ses souvenirs d'adolescent.

1. *Cf.* Poliakov, *op. cit.*, p. 31, note 4.

Certains Juifs, cependant, échappaient à la misère commune. Financiers habiles à satisfaire les besoins des princes, les « Juifs de cour » jouaient un rôle important dans ces petits États, assumant à l'occasion des missions politiques. Ils résidaient hors du ghetto et accumulaient fortune et honneurs, excitant la jalousie et la haine des chrétiens, qu'ils finissent conduits au cimetière dans le corbillard ducal suivi par toute la cour, comme Alexandre David, banquier du duc de Brunswick[1], ou pendus comme Süss.

S'agissant des Juifs, Frédéric le Grand avait reçu de son père Frédéric Guillaume un simple conseil : « Si vous avez besoin d'argent, taxez la juiverie en son entier pour 20 000 ou 30 000 thalers tous les trois ou quatre ans, en sus de l'argent de protection qu'ils vous versent. Vous devez les pressurer, car ils ont trahi Jésus-Christ et vous ne devez jamais leur faire confiance, car le Juif le plus honnête est un escroc et une fripouille, soyez-en persuadé[2]. » Dans la mesure où les Juifs étaient utiles à l'économie prussienne, Frédéric II les protégea contre l'hostilité du peuple et la jalousie des marchands. Mais les pauvres qui étaient venus chercher asile en Prusse furent expulsés sans merci. Sous son règne, la communauté juive de Berlin connut un brillant essor[3]. A la faveur des guerres et du développement de la Prusse, certains de ses membres

1. *Ibid., op. cit.,* p. 34.
2. *In* Poliakov, *op. cit.* p. 30.
3. En 1743, elle comptait 1 850 membres. En 1777, elle représentait 4 245 individus, soit 5 % de la population de la capitale. Paris, à la même époque, comptait 600 000 habitants, dont 500 Juifs, soit moins d'un pour mille habitants.

réalisèrent des fortunes considérables[1]. Ainsi se constitua une élite juive, à la fois riche et soucieuse de prendre rang dans la société. Naturellement cosmopolite, elle s'ouvrit aux Lumières et se détacha de la tradition. Aux yeux des Juifs orthodoxes d'Europe centrale, la *Haskalah*, cette expression juive des Lumières, était une hérésie ; et *berlinisme* devint pour eux synonyme de modernisme, d'assimilation, donc de reniement.

C'est dans ce climat contrasté, fait de tolérance et de mépris, que virent le jour les premières incitations à améliorer le sort des Juifs. Le dramaturge Lessing fit représenter en 1749 un drame social, *Les Juifs*, dont le héros vertueux est un juif. Surtout, le philosophe Moses Mendelssohn, dont la pensée et la gloire rayonnaient alors dans toute l'Europe des Lumières, influença de façon décisive les esprits éclairés. « Un homme jeté par la nature au sein d'une horde avilie, né sans aucune espèce de fortune..., s'est élevé au rang des plus grands écrivains que ce siècle ait vu naître en Allemagne[2]. » Ainsi Mirabeau décrit-il Mendelssohn, fils d'un pauvre maître d'école, frêle bossu, qui gagna Berlin en 1742 et travailla dans une boutique de soieries pour gagner sa vie. Grâce à un érudit juif, Israël Moyse, maître d'école à Berlin, et à un médecin de Prague, Kisch, Mendelssohn apprit les rudiments de la science et de la philosophie. En 1748, il se lia d'amitié avec Salomon Gumpertz, jeune mathémati-

1. Selon Mirabeau, les seuls millionnaires existant à Berlin en 1780 étaient des juifs.

2. Mirabeau, « Sur Moses Mendelssohn, sur la réforme politique des Juifs », p. 2, *in La Révolution française et les Juifs*, Edhis, Paris, 1968, t. I.

cien et philosophe juif, qui l'introduisit dans le cercle des jeunes intellectuels de Berlin. Autodidacte de génie, il exerça sur eux une véritable fascination, en particulier sur Lessing[1] qui devait plus tard mettre en scène Mendelssohn sous les traits du héros de sa pièce *Nathan le Sage*. Après la publication de son *Phédon*, la gloire de Mendelssohn s'étendit à toute l'Europe des Lumières. Sa vie modeste et vertueuse, son esprit de tolérance, l'éclat de sa pensée en firent l'incarnation du philosophe tel qu'on le concevait au XVIIIe siècle. Mirabeau, évoquant « l'ascendant d'une raison profonde et d'une conduite si pure », écrit : « Les Allemands lui ont décerné le titre de Platon moderne[2]. »

Prônant la tolérance religieuse, Mendelssohn fut conduit, presque par la force des choses, à soutenir publiquement la cause des Juifs. Ce fut Lessing qui l'y amena. Pour répondre au théologien protestant Michalis, champion farouche de l'antijudaïsme traditionnel, qui déniait qu'un Juif pût jamais atteindre à la vérité, Lessing publia une lettre émouvante de Mendelssohn prenant la défense de ses frères : « Qu'on continue à nous opprimer..., qu'on nous expose aux railleries et au mépris du monde entier ; mais qu'on ne cherche pas à nous contester la vertu, la seule consolation des âmes infortunées[3]. » Et Mendelssohn rappelait les vertus familiales, l'horreur de la violence,

1. « Lessing, à la fois érudit, poète, philosophe et remarquable sous tous ces rapports, paraît avoir été un des hommes les plus universels de ce siècle », Mirabeau, *op. cit.*, p. 14.

2. Mirabeau, *op. cit.*, pp. 2 et 3. *Phédon* connut dix-sept éditions allemandes et fut traduit en dix langues étrangères. *Cf.* Poliakov, *op. cit.*, p. 187.

3. *Ibid.*, p. 186.

l'amour de la justice, la passion de savoir qui avaient animé les Juifs au long de siècles de persécutions.

Le débat était désormais ouvert. En 1763, une discussion publique allait opposer Mendelssohn au pasteur Lavater qui le sommait de réfuter le christianisme ou de se convertir. Refusant de se laisser enfermer dans l'alternative — ou le piège — tendu par Lavater, Mendelssohn affirma sa volonté de ne « parler dans ses écrits que des vérités communes à toutes les religions[1] ». Il exprimait en même temps son exigence éthique : « Ce n'est pas par des polémiques, mais par l'exercice de la vertu que je souhaite pouvoir réfuter l'opinion méprisante qu'on a des Juifs[2]. » Répliques et contre-répliques se succédèrent, passionnant les tenants de l'*Aufklärung*. Une traduction française du débat fut publiée en 1771. Désormais, Mendelssohn apparut dans toute l'Europe éclairée comme le champion, mieux, comme l'incarnation de la « régénération » possible du peuple juif.

Par des détours singuliers, Moses Mendelssohn allait influencer le sort des Juifs en France. Le riche Cerf-Berr, préposé général de la « nation juive » des provinces de l'Est, connaissait la gloire de Mendelssohn et son engagement en faveur de ses coreligionnaires. Lorsque les passions antijuives s'exacerbèrent en 1779 à l'occasion de l'affaire des fausses quittances qui avait éclaté en Alsace, il sollicita son concours pour répondre à un cruel libelle de Hell[3]. En vue

1. *Ibid.*, p. 187.

2. *Lettres juives du célèbre Mendelssohn, philosophe de Berlin*, Francfort et La Haye, 1771.

3. « Observations d'un Alsacien sur l'affaire présente des Juifs d'Al-

d'informer le philosophe allemand, Cerf-Berr lui adressa son « Mémoire sur l'état des Juifs en Alsace », destiné au Conseil d'État du Roi, dans lequel il suppliait le souverain de prendre en considération la condition détestable de ses coreligionnaires d'Alsace et d'y porter remède[1].

Confronté à la requête de Cerf-Berr, Mendelssohn estima qu'il était préférable qu'une voix chrétienne autorisée s'élevât pour soutenir la cause des Juifs. Plutôt que d'ouvrir un débat philosophique ou religieux, mieux valait, à cet instant, poser le problème en termes politiques. Puisque les populations se plaignaient du comportement des Juifs, l'heure était venue de chercher comment on pouvait transformer leur condition afin qu'ils devinssent plus utiles aux États qui les accueillaient. Mendelssohn s'adressa donc à un jeune haut fonctionnaire prussien, Christian Wilhelm Dohm, publiciste réputé et professeur de finances publiques à Berlin. Dohm voulut prouver par les enseignements de l'Histoire que « l'état d'oppression dans lequel ils [les Juifs] vivent... n'est qu'un reste des préjugés contraires à la politique et à l'humanité

---

sace » ; *cf.* D. Bourel, préface à C.W. Dohm, *De la réforme politique des Juifs*, p. 14.

1. Cerf-Berr demandait en particulier pour les Juifs le droit de s'établir librement dans toute la province, d'y faire tout commerce, tout en conservant leur organisation communautaire et l'autorité judiciaire reconnue aux rabbins. En contrepartie, Cerf-Berr, fort au courant, par sa situation de fournisseur des armées, des difficultés des finances royales, offrait « avec une respectueuse reconnaissance, au Roi et aux seigneurs qui en ont le droit, le tribut que le souverain daignerait fixer dans une forme stable et invariable ». Sans doute espérait-il, par ce moyen, gagner pour les Juifs un statut favorable que risquait fort de ne pas leur valoir le seul appel à la raison et à la tolérance. *Cf.* « Mémoire sur l'état des Juifs en Alsace », cité *in* C.W. Dohm, *op. cit.*, pp. 138 et suivantes.

que les siècles plus ténébreux ont enfantés et qu'il est indigne du nôtre de laisser subsister[1] ». Bien documenté grâce à Cerf-Berr, Dohm dresse un véritable inventaire de la condition des Juifs en Europe. Il met l'accent sur le profit qu'ont tiré l'Angleterre et la Hollande de l'accueil des Juifs sépharades chassés d'Espagne et du Portugal[2]. En France, Dohm oppose le sort de « quelques Portugais, qui jouissent de privilèges considérables à Bordeaux et à Bayonne », à celui des Juifs des provinces de l'Est où « cette nation... continue d'être resserrée et opprimée[3] ». En Italie, ils sont traités avec « plus de douceur et de saine politique[4] ». En Pologne, qui compte la population juive la plus nombreuse d'Europe, Dohm reconnaît que les plaintes sont très vives à leur encontre. Mais il impute cette situation à la Constitution même de la Pologne, « où l'on ne trouve que des nobles ou des serfs, en sorte que tout le commerce a été entièrement abandonné aux Juifs[5] ». En Norvège et en Suède, ils ne sont pas admis. La Russie les a expulsés en 1742. En Allemagne même, certaines provinces leur sont interdites. Au terme de ce panorama affligeant, Dohm conclut : « Ces principes... sont indignes

1. Dohm, *op. cit.*, p. 28.

2. « C'est dans cette république [la Hollande] et en Angleterre que les Juifs jouissent véritablement des droits de l'homme et du citoyen et qu'ils se montrent comme membres très utiles de l'État », *in* Dohm, *op. cit.*, p. 60. En 1753, le Parlement avait accordé le droit de cité aux Juifs établis en Angleterre. Mais, devant les émeutes populaires suscitées par cette mesure, il l'abrogea dès l'année suivante.

3. Dohm, *op. cit.*, p. 60.

4. *Ibid.*, p. 61.

5. *Ibid.*

des Lumières qui caractérisent notre siècle, et depuis longtemps on aurait dû cesser de les suivre[1]. »

La Raison et la Justice commandent donc que les Juifs « soient mis complètement en possession des mêmes droits dont jouissent les citoyens[2] ». Tous les reproches qu'on leur adresse — esprit de lucre, pratiques usuraires — viennent des lois restrictives qui les accablent[3]. Qu'on leur donne donc « la liberté la plus entière de s'occuper et de gagner leur vie ». Dohm souhaite qu'ils deviennent artisans, ou qu'ils se consacrent à l'agriculture. Ainsi les Juifs seront « régénérés » par le travail manuel, physiquement et moralement. Comme en prélude au concours de l'Académie de Metz de 1787, Dohm n'aspire qu'à « rendre les Juifs plus heureux et plus utiles ». Mais il n'entend pas les cantonner dans les activités manuelles. Il veut qu'écoles et universités les accueillent, qu'ils pratiquent les arts, la médecine. En même temps qu'il leur ouvre les portes de la cité, il entend abattre les murs des ghettos[4]. Libres de demeurer où bon leur semble comme d'exercer toute activité de leur choix, les Juifs pourront pratiquer librement leur culte.

Il n'est qu'une restriction que Dohm croit utile, au moins provisoirement, de maintenir à l'encontre des

1. *Ibid.*, p. 99.

2. *Ibid.*, p. 77.

3. « La dépravation morale et politique des Juifs, écrit-il, découle principalement de ce qu'ils ont été conduits à s'occuper exclusivement de négoce. » *Ibid.*, p. 78.

4. Dohm dénonce « ces juiveries, en France et ailleurs, qui entraînent l'inconvénient... d'engager les Juifs à exhausser leurs maisons de la façon la plus disproportionnée, de demeurer entassés les uns sur les autres, d'où s'ensuivent une malpropreté et une puanteur continuelles, des maladies, une mauvaise police et des risques d'incendie plus fréquents ». *Ibid.*, p. 78.

Juifs : l'accès à la fonction publique, « la gloire de servir l'État[1] ». Dans cette limitation particulière s'inscrit sans doute un reste de prévention du haut fonctionnaire de Frédéric. Encore Dohm souligne-t-il que cette barrière ne doit demeurer que le temps nécessaire aux Juifs pour se pénétrer de l'éducation et des principes inhérents à ces fonctions. Quant au devoir militaire, Dohm réfute l'argumentation selon laquelle le respect du Sabbat leur interdirait de servir leur pays.

Telle quelle, invitant les chrétiens à faire preuve de tolérance et d'humanité, l'œuvre de Dohm constituait le plus solide, le mieux argumenté des plaidoyers en faveur d'une réforme politique radicale de la condition des Juifs. Frédéric le Grand demeura insensible aux appels de son éloquent fonctionnaire. Mais Cerf-Berr ne s'y trompa pas, qui entreprit aussitôt de faire traduire en français l'ouvrage de Dohm. La version française fut confiée à Bernoulli, mathématicien et membre de l'Académie des sciences de Berlin, ami de Mendelssohn. Le 22 mars 1782, celui-ci écrivit à Dohm : « Monsieur Cerf-Berr est très content de la traduction française et m'écrit de Paris, où il se trouve en ce moment, que son style fut très apprécié et que l'on à peine à croire que la traduction vienne d'un Allemand[2]. » Hélas, l'ouvrage fut mis au pilon en France en avril 1782, faute d'avoir obtenu préalablement l'autorisation de la censure ! Seuls quelques exemplaires survécurent. Grégoire et Malesherbes, notamment, eurent entre les mains ce traité de l'éman-

1. *Ibid.*, p. 83.
2. *In* D. Bourel, préface à l'ouvrage de Dohm, *op. cit.*, p. 12.

cipation. A Berlin, dans les salons où régnait l'esprit de l'*Aufklärung*, l'œuvre de Dohm fut accueillie avec enthousiasme.

Devant ce succès, le théologien protestant Michælis, « le plus redoutable ennemi des Juifs, savant ingénieux très versé dans la loi de Moïse[1] », entreprit de réfuter Dohm[2]. Aux partisans de l'émancipation, Michælis oppose la spécificité irréductible des Juifs, née de leur attachement inconditionnel aux lois de Moïse. Celles-ci isoleraient les Juifs des autres nations en leur prescrivant des rites, des obligations particulières pour les tenir à l'écart de la vie sociale des chrétiens. Astreints à observer le Sabbat, ne mangeant qu'une nourriture rituelle, parlant une langue originale, vivant dans l'attente du Messie et du retour en Palestine, les Juifs demeureraient toujours des étrangers dans toutes les nations. Pire encore, selon Michælis, voués par leur religion à la haine des non-Juifs, ils seraient toujours les ennemis des chrétiens. La petite taille des Juifs, leur faible constitution, l'interdiction de combattre le jour du Sabbat les rendraient impropres au service militaire. Leur émancipation ne pourrait donc être qu'un leurre, une injustice même pour les chrétiens, car on accorderait les droits du citoyen à des hommes qui n'en rempliraient pas les devoirs. De surcroît, leur prodigieuse multiplication, due à des mariages précoces, et leur extrême industrie leur feraient bientôt évincer partout les chrétiens qui ne pourraient supporter leur concurrence. Que gagnerait un État à une

1. Mirabeau, *Sur Moses Mendelssohn, sur la réforme politique des Juifs*, par le comte de Mirabeau, *op. cit.*, p. 110.
2. Michælis, *Orientalische und exegetische Bibliothek*, Frankfurt am Main, 1782.

telle émancipation, sauf à voir une race « perverse et détestable » prospérer malhonnêtement sur son territoire ? Et Michælis d'affirmer que l'analyse minutieuse des registres criminels, sur plusieurs siècles, en Allemagne, prouve que les malfaiteurs juifs sont 25 fois plus nombreux que leurs homologues chrétiens[1] ! Combien de générations ne faudrait-il pas, ajoute-t-il, pour opérer l'amendement d'un peuple si corrompu ? Loin d'émanciper les Juifs, il faut donc conserver et même renforcer leur statut d'exclusion, leur interdire toute fonction publique, leur refuser même l'accès aux sciences et à l'étude. Tout au plus peut-on leur permettre d'exploiter des terres incultes, en les astreignant à payer des impôts extraordinaires pour la tolérance qu'on leur manifesterait. L'antisémitisme moderne avait trouvé en ce théologien protestant son premier doctrinaire[2].

L'attaque de Michælis était si rude, et son autorité scientifique si grande, que Moses Mendelssohn jugea indispensable de descendre à son tour dans l'arène. Ainsi naquit son *Jérusalem ou le judaïsme et le pouvoir religieux*, où il réfutait les assertions de Michælis et affirmait sa conception d'un État laïc, ouvert à toutes les religions. Pour Mendelssohn, la cause de l'abaissement des Juifs réside non dans leur religion, ni dans leur nature, mais dans la condition injuste et cruelle où ils se trouvent plongés depuis des siècles, du fait

1. *Cf.* Mirabeau, *op. cit.*, p. 112. Dans sa réfutation de Michælis, Mendelssohn, après avoir vérifié à son tour les registres criminels, constatait qu'on trouvait vingt-cinq fois plus de voleurs et de receleurs chez les fripiers allemands que chez les fripiers juifs. *Cf.* Mirabeau, *op. cit.*, p. 125.
2. *Cf.* Poliakov, *op. cit.*, pp. 194-195.

des chrétiens. Il réclame la reconnaissance aux Juifs de tous les droits civils et politiques. Mais cette égalité ne peut se concevoir que dans un État totalement laïc où disparaîtront toutes les fonctions séculières et les pouvoirs judiciaires des Églises. Cette exigence vaut aussi bien pour les Juifs. Mendelssohn demande donc la disparition de la compétence civile des tribunaux rabbiniques. La Raison l'emportait sur la Tradition juive.

On conçoit l'enthousiasme des hommes des Lumières : la doctrine de Mendelssohn, dénonçant à la fois les crimes commis par l'intolérance chrétienne et l'obscurantisme entretenu par l'intolérance juive, paraissait ouvrir la voie lumineuse par laquelle les Juifs, en obtenant la même dignité et les mêmes droits que les chrétiens, renonceraient à toute spécificité autre que religieuse. Mendelssohn avait posé ainsi les fondements de la doctrine de l'émancipation-assimilation qui allait inspirer le destin des Juifs en Europe.

L'exemple autrichien

Au moment où Dohm publiait son ouvrage à Berlin, l'empereur Joseph II, le plus actif des « despotes éclairés », promulguait une réforme audacieuse de la condition des Juifs dans ses États. Les mesures prises aux termes de ses édits des 19 octobre 1781 et 2 janvier 1782[1] revêtaient d'autant plus d'importance

1. *Cf.* Dohm, *op. cit.*, pp. 108-111. *Cf.* D. Feuerwerker, *L'Emancipation des Juifs en France de l'Ancien Régime à la fin du Second Empire*, Albin Michel, Paris, 1976, p. 166.

qu'elles concernaient 260 000 personnes, réparties sur tout le vaste territoire des États héréditaires de la Maison d'Autriche. Le dessein politique de l'empereur philosophe était évident : il s'agissait d'intégrer les Juifs dans la vie économique de l'Empire en leur donnant accès à tous les secteurs d'activité. Même l'agriculture leur était ouverte, mais seulement en qualité de fermiers. Car Joseph II, physiocrate convaincu, voyait dans la terre la source première de la richesse, et dans la propriété immobilière le fondement de la citoyenneté. Les Juifs en demeuraient donc écartés.

En même temps, Joseph II prenait des mesures plus significatives encore pour accélérer leur assimilation. C'est à une sorte de conversion culturelle qu'il contraignit les Juifs de ses États. Dorénavant, non seulement ceux-ci auraient accès à toutes les écoles et universités de l'Empire, mais, à côté des écoles juives religieuses, on établirait « une école où, sans aucun préjudice de leur culte et de leur foi, on instruira leur jeunesse suivant les principes de l'école dite normale[1] ». Ainsi pensait-il briser le ghetto intellectuel où le judaïsme s'était à la fois enfermé et protégé pendant des siècles. Vienne se mettait à l'heure de l'*Aufklärung* berlinois. Pour accélérer le processus d'intégration, il était interdit aux Juifs, dans un délai de deux ans, d'user

1. Les jeunes Juifs devraient être envoyés dans les écoles chrétiennes « principales » pour y être formés à devenir les instituteurs de leurs coreligionnaires. Les examens seraient contrôlés par le directoire des écoles chrétiennes, qui aurait pouvoir d'inspection sur les écoles juives. Les livres d'enseignement utilisés dans celles-ci seraient les mêmes que dans les autres écoles, à l'exclusion des matières religieuses. En bref, Joseph II créait pour les Juifs des écoles élémentaires laïques et obligatoires. *Cf.* Dohm, *op. cit.*, p. 198.

d'une langue autre que les langues officielles de l'Empire pour la rédaction de tout acte juridique ou commercial. A ces mesures culturelles s'ajoutaient des dispositions humanitaires : suppression des péages corporels, interdiction du port de marques distinctives sur les habits. Mais, pour ne pas heurter les préjugés antijuifs locaux, Joseph II maintenait le *numerus clausus* qui limitait la population juive dans chaque province ou ville. Et il interdisait aux Juifs l'accès à la fonction publique et à l'armée. Ils devaient servir à la prospérité de l'Autriche ; le temps n'était pas encore venu pour eux d'en partager la puissance et la gloire.

Tel quel, avec ses restrictions et ses arrière-pensées, l'édit de 1782 apparut aux Juifs d'Europe, et surtout à ceux de l'est de la France, comme l'avancée la plus audacieuse jamais réalisée sur le continent en leur faveur. A l'édition française de 1782 de l'ouvrage de Dohm, Jean Bernoulli, son traducteur, ajouta le texte de l'édit de l'empereur[1]. En 1788, celui-ci sera cité en exemple à Louis XVI par les Juifs de Bordeaux. Cerf-Berr s'en prévaudra en faveur des Juifs de l'Est. Ainsi les défenseurs de l'émancipation en France trouveront dans le mouvement des idées en Allemagne et des lois en Autriche un puissant renfort culturel et politique.

1. « Cette nouvelle loi, écrit-il, donne aux Juifs une série de droits et privilèges, après avoir perdu pour ainsi dire la coutume d'être traités en hommes et en citoyens. J'ai jugé que l'édit impérial, qui promet aux Juifs un si beau siècle, ne pourrait être consigné dans un endroit plus convenable qu'à la fin de cet ouvrage. » *In* Dohm, *op. cit.*, p. 107.

Le concours de Metz

Le débat, dans l'Europe des Lumières où la circulation des idées était intense, eut tôt fait de gagner la France. Déjà en 1775, dans un procès intenté par deux marchands juifs contre une corporation de Thionville, leur avocat, Pierre-Louis de Lacretelle[1], s'était écrié : « Ils ont des vertus ainsi que des vices. Qui nous répondra qu'il ne tient pas à nous d'extirper les uns, d'augmenter les autres ? Ouvrons-leur nos villes. Laissons-les se répandre dans nos campagnes... Qu'ils connaissent l'honneur, qu'ils deviennent véritablement français[2]. » Les marchands perdirent leur procès ; mais la cause des Juifs, grâce à ce plaidoyer imprimé et largement diffusé, suscita l'intérêt, sinon la faveur du public.

A l'automne de 1782, le baron prussien Anacharsis Clootz[3] entretint avec Court de Gibelin, porte-parole des protestants parisiens, une polémique historico-théologique sur le sort des Juifs[4]. A l'instar de Dohm, Clootz y soulignait tout l'intérêt économique de la présence des Juifs en France.

Il n'est dès lors pas surprenant que la Société royale

1. 1751-1824. Avocat et écrivain, lié aux Encyclopédistes, député à la Législative, fondateur du Club des Feuillants, rallié à Bonaparte, député au Corps législatif.

2. *Plaidoyer*, Bruxelles, 1775, pp. 15-17.

3. 1755-1794. Prussien, très fortuné, s'établit à Paris en 1789. « Orateur du genre humain », député à la Convention, guillotiné avec les hébertistes le 25 mars 1794.

4. *Cf.* « Lettre sur les Juifs à un ecclésiastique de mes amis, lue dans la séance publique du musée de Paris, le 21 novembre 1792, par Monsieur le Baron Clootz », Berlin, 1783. *Cf.* Poliakov, *op. cit.*, p. 166.

des sciences de Metz, dans sa séance du 25 août 1785, ait mis au concours de 1787 le sujet suivant : « *Est-il un moyen de rendre les Juifs plus utiles et plus heureux en France ?* » Le vainqueur se voyait promettre « une médaille d'or de 400 livres[1] ».

La question posée était révélatrice. Elle impliquait la reconnaissance implicite que la condition des Juifs en France ne satisfaisait ni les exigences de l'humanité ni l'intérêt du royaume. Il est vrai que les cinq membres du jury occupaient de hautes fonctions dans la ville de Metz[2]. Leur connaissance du sort fait à la communauté juive les incitait, en hommes éclairés, mais aussi en responsables de la cité, à chercher les moyens propres à remédier à une situation détestable. C'était exactement l'optique de Dohm, et le concours apparaît ainsi comme l'écho français des débats berlinois.

Le *Mercure de France* salua avec faveur, le 11 février 1786, l'annonce du concours[3]. Neuf essais furent adressés à l'Académie de Metz. Deux étaient inspirés par l'antijudaïsme traditionnel[4]. Le jury les écarta. Le 25 août 1787, Rœderer[5], dans son rapport

1. *Cf.* D. Feuerwerker, *op. cit.*, p. 6.

2. Le jury était composé de deux conseillers au parlement de Metz : Rœderer, qui jouera un rôle essentiel dans cet événement littéraire, et le baron de Poutet ; d'un avocat au parlement, Blouet ; d'un officier, le comte de Cessac ; d'un administrateur du Trésor, Jean Le Payen.

3. « Question neuve, intéressante, digne de la plus sage philosophie et d'une véritable éloquence... Aucune académie n'a encore consacré ses prix à une si noble dissertation ». *In* D. Feuerwerker, *op. cit.*, p. 62.

4. Le procureur au parlement de Metz, Maillecourt, suggérait de « les transporter en masse dans le désert de la Guyane ». Le bénédictin Dom Chais de « les cantonner exclusivement dans l'agriculture ». *Cf.* R. Hermann Belot, préface à l'*Essai sur la régénération physique, morale et politique des Juifs*, par l'abbé Grégoire, Flammarion, 1988, p. 11.

5. 1754-1835. Conseiller au parlement de Metz, académicien, député

sur les œuvres présentées, distingua deux mémoires, l'un d'un avocat à Nancy, Claude-Antoine Thiery[1], l'autre de l'abbé Grégoire, curé d'Embermesnil, près de Lunéville. Sans doute, déclara Rœderer, ces œuvres montraient-elles « une philosophie saine et quelquefois sublime », mais il considéra qu'elles n'avaient pas satisfait à l'attente de l'Académie. La Société royale, suivant ses conclusions, renvoya donc le prix à un nouveau concours, fixé à août 1788. Les candidats déjà distingués reprirent leur ouvrage. Trois autres se joignirent à eux, dont un Juif « polonais », Zalkind Hourvitz, secrétaire-interprète pour les langues orientales à la Bibliothèque royale de Paris[2]. Le jury, pris d'hésitation, couronna les trois essais de Hourvitz, de Thiery et de l'abbé Grégoire.

Le nouveau rapporteur, Jean Le Payen, haut fonctionnaire du Trésor, souligna que « les trois ouvrages [sont] fondés sur les mêmes principes, appuyés sur les mêmes faits, et à peu près par les mêmes moyens », ajoutant : « Tous les mémoires que nous avons reçus, à un ou deux près, accusent nos préjugés contre les Juifs d'être la cause première de nos vices[3]... » La

aux États généraux, patriote modéré, élu en novembre 1791 procureur général-syndic de Paris. Le 10 août 1792, il incita le Roi à se réfugier à l'Assemblée. Appelé à l'Institut en juin 1796, rallié à Bonaparte, il fut l'un des agents du 18-Brumaire. Nommé au Conseil d'État, il finira sa carrière à la Chambre des pairs sous la monarchie de Juillet.

1. *Dissertation sur cette question : « Est-il des moyens de rendre les Juifs plus heureux et plus utiles en France ? »*, 1788, *in La Révolution française et les Juifs*, t. II, Edhis, Paris, 1968. Berr Isaac Berr, de Nancy, contribua sans doute à l'ouvrage de Thiery, préférant ne pas concourir sous son nom. *Cf.* D. Feuerwerker, *op. cit.*, p. 133.

2. *Apologue des Juifs en réponse à la question : « Est-il des moyens de rendre les Juifs plus heureux et plus utiles en France ? »*, 1789, *in La Révolution française et les Juifs*, t. IV, Edhis, Paris, 1968.

3. *In* D. Feuerwerker, *op. cit.*, p. 119.

dissertation de Thiery fut publiée en novembre 1788 ; l'essai de Grégoire *Sur la régénération physique, morale et politique des Juifs,* au mois de janvier 1789[1] ; l'ouvrage de Hourvitz, en mars. L'accueil réservé dans les gazettes aux trois œuvres fut favorable[2]. Mais, en cette période dominée par la convocation des États généraux, seul le débat politique passionnait le public. Le concours de Metz ne fut cependant pas sans influence sur l'émancipation des Juifs. Il suscita dans l'opinion éclairée un intérêt accru pour leur condition. Surtout, il amena un homme, l'abbé Grégoire, à prendre hardiment position en faveur de leur émancipation. Élu aux États généraux, il y sera le défenseur le plus ardent et le mieux informé de la cause des Juifs.

L'abbé Grégoire

Grégoire approchait alors la quarantaine. Sa haute stature, des traits réguliers, une nature chaleureuse lui gagnaient aisément la sympathie. D'origine modeste (son père était un pauvre tailleur), il avait grandi à la campagne, non loin de Lunéville, et découvert la condition misérable des Juifs de sa province. Qu'elle l'ait toujours affligé, qu'il ait souhaité son amélioration, en témoigne son premier mémoire, publié en 1779, « sur les moyens de recréer le peuple juif et partout de l'amener au bonheur ». Devenu curé d'Embermes-

1. *Cf.* Grégoire, *Essai...*, Stock, Paris, 1988, préface de Robert Badinter.
2. *Cf.* D. Feuerwerker, *op. cit.*, p. 135 à 138. Une traduction anglaise de l'*Essai* de Grégoire parut à Londres en 1789.

nil, il se lia avec des notables juifs de la région, notamment avec une personnalité éminente de la communauté de Metz, Isaac Berr Bing. Celui-ci, homme de savoir et de conviction, ressentait profondément l'injustice faite aux Juifs. Il fournit à Grégoire une ample moisson d'informations sur leurs lois, leur histoire, leurs mœurs[1]. En 1785, à l'occasion de l'ouverture de la synagogue à Lunéville, l'abbé Grégoire prononça un sermon dans une église de la ville, où il exprimait à l'égard des Juifs ses sentiments de fraternité. Il connaissait, comme tous les esprits éclairés, la personnalité et l'œuvre de Mendelssohn. Il avait lu l'ouvrage de Dohm. Son savoir en matière de religion et d'histoire des Juifs était considérable pour un prêtre catholique de son temps. Surtout, son âme généreuse ressentait comme un outrage intolérable aux préceptes de l'Évangile et à la Justice la condition de ces hommes et de ces femmes, enfants du même Dieu que priait Jésus-Christ, étrangers dans une cité où ils vivaient depuis des siècles, enfermés dans un ghetto de pierre et de mépris. C'est pourquoi l'abbé Grégoire soutiendra, avec plus de passion et de constance que tout autre, la cause des Juifs, tout comme il défendra, avec Condorcet, Brissot, Mirabeau, La Fayette, la cause des Noirs au sein de la Société des amis des Noirs, puis à la Constituante et à la Convention.

Des trois ouvrages couronnés par l'Académie de Metz, seul celui de l'abbé Grégoire exerça une véritable influence sur une partie de l'opinion publique.

1. *Cf.* P. Latrice, « L'abbé Grégoire, Ami de tous les hommes » et « La régénération des Juifs » *in Mélanges de science religieuse*, XXXVI, n° 3, septembre 1979, Lille, Faculté catholique, p. 149.

La carrière politique de son auteur donnait à son œuvre un intérêt plus vif. Et l'ouvrage présentait un caractère remarquable pour l'époque : cet essai en faveur des Juifs émanait d'un prêtre catholique. Des deux autres candidats primés, l'un était un juif érudit, Zalkind Hourvitz, l'autre, Thiery, un avocat libéral. Qu'un Juif soutînt la cause de ses frères, rien de plus normal. Qu'un avocat défendît les victimes d'une injustice exprimait sa vocation professionnelle. Mais qu'un curé prît hautement le parti des Juifs pouvait surprendre et émouvoir l'opinion. Séculairement, l'Église catholique les avait flétris comme le peuple déicide, à la nuque raide, toujours obstiné dans son refus d'admettre la nature divine du Christ. L'antijudaïsme en Europe trouvait sa source dans la tradition catholique, même si des motifs économiques avaient pris le relais des anathèmes religieux.

Pourtant, Grégoire donne une description parfois cruelle de ces Juifs dont il défend la cause. Sans doute réfute-t-il les accusations de crimes rituels qu'on leur impute depuis des siècles : égorgements d'enfants chrétiens lors des fêtes juives, ou empoisonnements des fontaines lors des grandes épidémies. Mais il les dépeint « le visage blafard, le nez crochu, le menton proéminent et les muscles constricteurs de la bouche fortement prononcés... Presque tous ont la barbe rare... La plupart paraissent vieux de bonne heure... Ils exhalent constamment une mauvaise odeur[1]... » De même, il dénonce leurs pratiques usuraires en Alsace : « On pleure d'attendrissement, on frémit d'indignation à l'aspect des maux causés par des Juifs à cette

1. Abbé Grégoire, *Essai... op. cit.*, pp. 57-58.

province[1]. » L'avocat Thiery n'est d'ailleurs pas plus tendre envers eux : « Ils s'offrent à nous avec un front couvert d'opprobre et une âme souvent flétrie par le vice[2]. »

Pour eux, cependant, aucune hésitation : « C'est nous qu'il faut accuser de ces crimes si justement reprochés aux Juifs... C'est nous qui les y forçons », écrit Thiery[3]. Grégoire pense de même : « Leur usure est une suite immédiate et nécessaire de l'oppression en laquelle ils gémissent. Le comble de l'inconséquence est de leur reprocher des crimes après les avoir forcés à les commettre[4]... » Il souligne leurs vertus familiales, le respect qu'ils vouent à leurs parents, l'amour qu'ils portent à leurs enfants. Pour lui, la cause est entendue : les défauts des Juifs sont les fruits empoisonnés des lois d'exclusion et de haine dont les chrétiens les ont accablés depuis leur dispersion[5].

1. *Ibid.*, p. 84. La rhétorique la plus déclamatoire emporte parfois l'abbé Grégoire : « Habitants du Sundgau, répondez si vous en avez encore la force ; cet effrayant tableau n'est-il pas celui de l'état auquel plusieurs Juifs vous ont réduits ?... On ne vous a laissé que des bras desséchés par la douleur et la faim ; et s'il vous reste encore des haillons pour attester votre misère et les baigner de vos larmes, c'est que l'usurier juif a dédaigné de vous les arracher. », *op. cit.*, p. 84.

2. *Cf.* Poliakov, *op. cit.*, p. 170. Lopes Dubec, député des Juifs de Bordeaux auprès de Malesherbes en 1788, puis auprès de l'Assemblée nationale en 1790, écrira le 15 septembre 1789 à propos des lauréats du concours de Metz : « Ils avaient rendu si hideux le tableau des vices dont on les inculpe, qu'il semble plus propre à augmenter qu'à diminuer les préjugés qui règnent contre eux, surtout pour le gros des lecteurs qui laissent aisément échapper les causes qui les disculpent pour ne voir que les effets qui les condamnent... », *in La Délégation des Juifs de Bordeaux à la commission Malesherbes* (1788) *et à l'Assemblée nationale* (1790), par Z. Szajkowski, *in Zion* t. XVIII, pp. 33 et suiv.

3. *In* Poliakov, *op. cit.*, p. 170.

4. Grégoire, *op. cit.*, p. 56.

5. « Nous ne parlons qu'avec horreur de la Saint-Barthélemy. Mais

Qu'on abolisse ces lois odieuses, qu'on abatte ces barrières, et le mal disparaîtra avec sa cause.

De l'émancipation, Grégoire attend l'assimilation. Il méprise le Talmud, ce « vaste réservoir..., presqu'un cloaque où sont accumulés les délires de l'esprit humain[1] ». Il souhaite la disparition du yiddish, comme d'ailleurs de tous les dialectes provinciaux. Il ouvre aux Juifs les portes des collèges, des universités. Il prône les mariages mixtes et la conversion — par une douce persuasion — de nombreux Juifs au catholicisme[2]. Même s'il soutient la liberté religieuse, son vœu demeure la fusion progressive des Juifs dans la communauté française par leur adhésion à la religion dominante. Mais, en attendant la réalisation de cette lointaine espérance, naturelle chez un prêtre catholique, Grégoire achève son œuvre par un appel passionné aux chrétiens en faveur des Juifs : « Auteurs de leurs vices, soyez-le de leurs vertus, acquittez votre dette et celle de vos aïeux... Les Juifs sont membres de cette famille universelle qui doit établir la fraternité entre tous les peuples[3]. » L'abbé de 1788 a déjà les accents du républicain de 1793.

---

les Juifs ont été deux cents fois victimes de scènes plus tragiques, et quels étaient les meurtriers ? » pp. 33 et suiv. *in Essai, op. cit.*, p. 31.

1. *Essai sur la régénération...*, *op. cit.*, p. 74. *Cf.* Rita Hermann-Belo, *op. cit.*, p. 25. *Cf.* Montesquieu : « Parmi cette foule de rabbins qui ont écrit, pas un n'avait un petit génie », cité par G. Weill, « Un texte de Montesquieu sur le judaïsme », *Revue des études juives*, 1904, n° 49, p. 154.

2. « L'entière liberté religieuse accordée aux Juifs fera un grand pas en avant pour les réformer, et j'ose dire pour les convertir. Car la vérité n'est persuasive qu'autant qu'elle est douce ». *Essai, op. cit.*, p. 132.

3. *Ibid.*, p. 175.

Mirabeau et la question des Juifs

Pendant que se déroulait le concours de l'Académie de Metz, Mirabeau intervenait à son tour dans le débat. Il s'était rendu à Berlin en 1785, il avait fréquenté les salons où se réunissaient partisans chrétiens de l'*Aufklärung* et tenants juifs de la *Haskala*. Il s'était lié d'amitié avec Dohm. Il fut séduit par sa pensée et plus encore par celle de Mendelssohn. Par tempérament et par expérience, Mirabeau était sensible à l'injustice. Il mesurait aussi l'intérêt politique que pouvait offrir la réforme du sort des Juifs, et l'avantage que pourrait en tirer, dans le camp des esprits éclairés, celui qui se constituerait leur champion. Il publia donc en 1787, à son retour de Berlin, un ouvrage *Sur Moses Mendelssohn et sur la réforme politique des Juifs*, essai bâclé qui, pour l'essentiel, reprend les thèses de Dohm et celles de Mendelssohn. « Voulez-vous, écrit Mirabeau, que les Juifs deviennent des hommes meilleurs, des citoyens utiles ? Bannissez de la société toute distinction avilissante pour eux ; ouvrez-leur toutes les voies de subsistance et d'acquisition. Loin de leur interdire l'agriculture, les métiers, les arts mécaniques, encouragez-les à s'y adonner... Mettez les écoles juives sur le pied des écoles chrétiennes dans tout ce qui ne tient pas à la religion. Qu'en un mot, ils soient mis et maintenus en possession de tous les droits de citoyens, et bientôt cette constitution équitable les rangera au nombre des membres les plus utiles de l'État[1]... » Mirabeau recon-

1. Mirabeau, *op. cit.*, p. 89.

naît aux Juifs le libre exercice de leur culte, et qu'ils « vivent et soient jugés selon leurs propres lois[1] ». Par là, il diffère de Mendelssohn et rejoint l'instante démarche des Juifs eux-mêmes. Partisan de leur émancipation, il admet qu'ils conservent dans la Nation des lois particulières et des juridictions religieuses. Analyse trop rapide du problème ou réalisme politique ? S'agit-il là d'une œuvre de circonstance ou de réflexion ? « Souviens-toi, écrit Mirabeau à Mme de Saillant, le 8 juin 1787, que la préface de Mendelssohn est uniquement calculée pour le méridien de l'Allemagne[2]. »

L'essai de Mirabeau était utile dans la mesure où il faisait connaître en France les théoriciens allemands de l'émancipation, alors que la version française de l'ouvrage de Dohm n'avait pu y être diffusée. Il n'était pas indifférent qu'à la veille de la Révolution, un publiciste de la trempe de Mirabeau soutînt la théorie de l'émancipation en affirmant : « Les Juifs, considérés comme hommes et comme citoyens, n'ont été corrompus qu'autant qu'on leur a refusé les droits de l'un et de l'autre[3]. » Et de conclure : « Un moyen infaillible de les rendre meilleurs est de les rendre plus heureux[4]. » A sa manière, Mirabeau avait aussi répondu à la question posée par l'Académie de Metz.

1. *Ibid.*
2. *Cf.* F. Dreyfus, « Comment les Juifs sont devenus citoyens français », *in Revue politique et parlementaire*, juil.-sept. 1900, t. XXV, p. 57.
3. Mirabeau, *op. cit.*, p. 57.
4. *Ibid.*, p. 81.

La commission Malesherbes

Il existe une logique de la liberté, une dynamique de la tolérance. Un siècle après la révocation de l'édit de Nantes, il n'était plus possible, pour la monarchie, de conserver les protestants dans l'état de non-droit où Louis XIV les avait précipités. L'opinion publique, hostile ou indifférente aux Juifs, ressentait la situation faite aux « réformés » comme une survivance odieuse des temps où triomphaient le fanatisme et l'intolérance. Bienveillant par nature, Louis XVI inclinait à mettre un terme à la situation d'exclusion décrétée contre eux par son aïeul. Malesherbes, en deux mémoires publiés en 1785 et 1786, avait posé les principes d'une transformation radicale de leur condition par la reconnaissance de leur droit à un état civil.

Appelé au gouvernement en 1787, Malesherbes, ministre d'État, reçut la mission de réaliser la réforme dont il avait jeté les bases. Le 28 novembre 1787 fut promulgué l'« Édit concernant tous ceux qui ne font pas profession de la religion catholique ». Les protestants recouvraient un état civil. Leurs mariages, naissances et décès pouvaient être constatés par le juge de leur domicile. Leurs familles étaient désormais légitimes[1]. L'esprit de tolérance et de liberté avait remporté une grande victoire. Mais s'étendait-elle aussi aux Juifs ? A lire l'intitulé visant sans restriction tous les non-catholiques, il paraissait impossible de les

1. Malesherbes, *Mémoire sur le mariage des protestants*, 1785 ; et *Second mémoire sur le mariage des protestants*, 1786. *Cf.* D. Feuerwerker, *op. cit.*, pp. 145 à 155.

exclure. De surcroît, l'article 37 de l'édit précisait : « N'entendons pas au surplus déroger, par notre présent Édit, aux concessions faites... aux luthériens établis en Alsace, non plus qu'à celles faites à ceux des autres sujets auxquels l'exercice d'une religion différente de la religion catholique est permis dans quelques provinces ou villes de notre Royaume[1]... »

Le parlement de Paris enregistra l'édit sans réserves le 18 janvier 1788. La plupart des autres parlements de province l'imitèrent, de même que le Conseil souverain de Colmar.

Mais le parlement de Metz, siège de la plus importante communauté juive de France, ne l'enregistra qu'à « charge, en ce qui concerne les Juifs du ressort, qu'il ne sera rien innové[2] ». Et celui de Toulouse fit à Louis XVI des remontrances sévères. Le statut des Juifs n'était donc pas réglé.

Les choses ne pouvaient en rester là, d'autant que l'agitation antijuive n'avait pas cessé en Alsace. Au printemps de 1788, le Roi confia donc à Malesherbes le soin de préparer la réforme, devenue nécessaire, de la condition des Juifs[3].

Tout désignait Malesherbes pour cette mission : son

1. *In* D. Feuerwerker, *op. cit.*, pp. 155-156.

2. *Ibid.*, p. 157.

3. Cette mission est communément exprimée par le propos, sans doute apocryphe, prêté par Rœderer au roi Louis XVI : « Malesherbes, vous vous êtes fait protestant ; je vous fais juif, occupez-vous d'eux. » *Cf. Le Journal de Paris*, 5 nivôse an IV ; et Patrick Girard, *op. cit.*, , p. 214. Plus simplement, le 18 avril 1788, Rœderer écrit à son père : « M. de Malesherbes est chargé par le Roi de s'occuper de l'état des Juifs. M. de Malesherbes m'a engagé à travailler avec lui sur les moyens d'améliorer le sort de cette nation. J'ai passé cinq heures de suite avec lui lundi. Nous avons arrêté un plan et quelques bases de travail... », *Œuvres*, Paris, 1853-1859, t. VII, p. 636.

esprit de tolérance, ses travaux sur le statut des protestants, son intérêt pour l'histoire des Juifs. Mirabeau lui avait fait tenir, avec son essai de 1787, l'ouvrage de Dohm dans sa traduction française. Malesherbes entretenait avec l'abbé Grégoire une correspondance sur ce sujet[1]. Il possédait dans sa bibliothèque plus de 70 volumes sur les Juifs[2]. Il s'était attaché, comme secrétaire particulier, l'avocat Pierre-Louis de Lacretelle qui avait plaidé avec éclat la cause des marchands juifs de Thionville. Enfin, il s'était assuré le concours de Rœderer, conseiller au parlement de Metz, rapporteur du concours de 1787 ; de Target, jurisconsulte célèbre qui avait défendu les protestants ; et de Dupré de Saint-Maur, ancien intendant de Guyenne, lié avec les notables de la communauté juive de Bordeaux.

Quelle était en 1788 la pensée de Malesherbes sur les Juifs ? Il fut amené à la livrer dans un avis au Conseil du Roi à propos de problèmes nés de l'acquisition, par de riches Juifs, de terres seigneuriales[3] : pouvaient-ils prendre part, en cette qualité, aux assemblées de la province ?

En prélude, Malesherbes formule son opinion sur la situation des Juifs dans le royaume. Il marque d'abord que « la situation des Juifs est à beaucoup d'égards différente de celle des autres non-catholiques » — c'est-à-dire des protestants. Il constate ensuite « qu'il existe dans le cœur de la plupart des chrétiens une haine très forte contre toute la nation

1. Grégoire, *Mémoires...*, *op. cit.*, t. I, p. 301.
2. D. Feuerwerker, *op. cit.*, p. 159.
3. « Avis de M. de Malesherbes », *Arch. nat.*, Fonds Tocqueville, pièces 41-42.

juive, haine fondée sur le souvenir du crime de leurs ancêtres, et corroborée par l'usage où sont les Juifs de tous les pays de se livrer à des commerces que les chrétiens regardent comme leur ruine[1] ». Déplorant cette hostilité, Malesherbes développe son analyse politique : « Cette nation est toujours restée une nation étrangère au milieu de toutes les nations : *imperium in imperio*. Et je crois qu'il est dans leur politique de rester ainsi séparés de tous les citoyens des pays où ils vivent, malgré les désagréments journaliers qui en résultent pour les individus. Ils sont devenus, de plus, une puissance indépendante de toutes celles de la terre, et peut-être dans quelques cas dangereuse pour ceux parmi qui ils vivent, par les relations intimes qui sont entre tous les Juifs de la terre[2]. » Et Malesherbes conclut : « Je n'ai pas encore assez approfondi cette question pour oser dire si une nation ainsi constituée peut devenir utile ou si elle ne peut être que dangereuse[3]. » Ainsi, pour Malesherbes, les Juifs forment en France une population qui, par ses lois particulières, constitue un État dans l'État — *imperium in imperio* —, lié aux autres nations juives dispersées sur la terre. Une telle situation paraît dangereuse à cet homme des Lumières, sans doute tolérant et épris de liberté, mais, à l'instar de Turgot, son ami, grand serviteur de l'État.

1. « Avis... », *op. cit.*

2. *Ibid.*, p. 3 (souligné dans le manuscrit). Déjà, dans le « Second mémoire sur le mariage des protestants », Malesherbes avait écrit : « Si, pendant la durée de l'édit de Nantes, les protestants étaient en France *imperium in imperio*, les Juifs sont dans l'univers entier *imperium in imperiis.* » Et il ajoutait : « Il n'est pas dans le pouvoir du souverain de détruire en peu de temps cette horreur pour la nation juive qui est sûrement portée trop loin », *in* G. Malino, *op. cit.*, p. 89.

3. « Avis... », *op. cit.*, p. 3.

De cette analyse, Malesherbes va tirer des conséquences politiques.

Les premiers avisés des travaux de Malesherbes furent les Juifs « portugais » de Bordeaux, sans doute par l'entremise de Dupré de Saint-Maur. Une correspondance s'établit entre lui et Moïse Gradis[1]. Celui-ci, le 22 mars 1788, attira l'attention de Dupré sur la condition particulière des « Portugais ». Le 8 avril, il insista fermement sur les différences profondes séparant les « Portugais » des « Allemands ». Inquiets, les Juifs de Bordeaux estimèrent qu'il fallait informer complètement Malesherbes et plaider de vive voix leur cause auprès de lui. Le 3 avril, ils se réunirent en assemblée et dépêchèrent deux députés à Paris : Lopes Dubec[2] et Furtado l'aîné[3]. Le vœu des « Portugais » de Bordeaux était précis : négocier discrètement en vue d'obtenir pour tous les Juifs les droits accordés par l'édit de tolérance aux non-catholiques, mais aussi et surtout conserver le statut particulier de leur communauté.

1. *Cf.* D. Feuerwerker, *op. cit.*, pp. 159-161.

2. Salomon Lopes Dubec (1743-1835), issu d'une famille d'armateurs « portugais » établie à Bordeaux au XVIIe siècle, riche négociant.

3. Furtado Abraham, dit Furtado l'aîné (1756-1817), négociant, une des figures marquantes du judaïsme bordelais. Élu parmi les 90 électeurs de la sénéchaussée de Guyenne en 1789, patriote, il fonda en 1781, avec Vergniaud et Gensonné, la « Société des amis de la Constitution » à Bordeaux. Girondin, il fut élu au conseil général de la Commune de Bordeaux. Après s'être caché pendant la Terreur, il fut nommé en 1797 administrateur de la municipalité de Bordeaux. Membre du collège électoral sous l'Empire, il présida l'Assemblée des notables juifs, le « grand Sanhédrin ». Il s'opposa aux décrets du 17 mars 1808 sur le statut des Juifs. Pendant les Cent-Jours, il refusa d'être maire-adjoint. Décoré par Louis XVIII, il fut nommé après la seconde Restauration maire-adjoint de Bordeaux. *Cf.* J. Cavignac, *Dictionnaire du judaïsme bordelais aux XVIIIe et XIXe siècles*, *op. cit.*, pp. 46 à 48.

Les députés de Bordeaux, qu'avait rejoints un représentant des Juifs de Bayonne, Fonseca, arrivèrent à Paris le 15 avril. Ils furent officiellement reçus par Dupré de Saint-Maur, qui leur ménagea un long entretien avec Malesherbes. Ils prirent la mesure de ses intentions : un seul statut pour tous les Juifs du royaume, leur accordant l'état civil. Les Juifs seraient intégrés selon leurs professions dans les corps de métiers. Ils pourraient former des associations, mais seulement à des fins religieuses. L'organisation traditionnelle des communautés juives, avec leurs syndics et leurs rabbins, constituant autant de « nations » dans la Nation, devait disparaître. Comment en effet vouloir rapprocher la condition des Juifs de celle des autres sujets du Roi, et maintenir des distinctions entre Juifs « portugais » et Juifs « allemands » ? Le dessein politique de Malesherbes, hostile à toute forme d'*imperium in imperio*, était clair : le moment était venu d'intégrer les Juifs dans le royaume en leur refusant tout autre spécificité que celle de leur religion. Dans le questionnaire que Malesherbes remit aux députés des « Portugais[1] », la question *sept* exprimait clairement sa pensée : « S'il ne serait pas à souhaiter pour eux qu'ils cherchassent à s'incorporer davantage avec les autres habitants du royaume : en ne laissant subsister que les différences qui tiennent si essentiellement à leur religion qu'il serait impossible de les anéantir[2]. »

La réaction des « Portugais » fut vive. Ils représentèrent à Dupré de Saint-Maur que « vouloir confondre

1. *Mémoire remis par les députés juifs de Bordeaux à Monsieur de Malesherbes, ministre d'État*, Introduction et notes de Jean Cavignac, Archives départementales de la Gironde.

2. Malino, *op. cit.*, p. 83.

et amalgamer les différentes corporations en une seule, ce serait former un assemblage incohérent et monstrueux de gens essentiellement différents par leurs mœurs, leur langue, leurs occupations et leurs préjugés, et une foule d'autres nuances qui les séparent[1] ». Ils acceptaient qu'une loi unique définît le statut de tous les Juifs. L'essentiel, pour eux, était que survécût l'organisation en communautés distinctes, permettant aux « nations juives » du Sud-Ouest de demeurer vivantes et autonomes.

Les Juifs d'Alsace et de Lorraine, de leur côté, ne demeuraient pas inactifs. Cerf-Berr, syndic des Juifs d'Alsace, et Berr Isaac Berr, syndic des Juifs de Lorraine, firent rédiger des mémoires à l'intention de Malesherbes. Berr Isaac Berr préconisait notamment un programme d'instruction inspiré de l'édit de 1781 de Joseph II. Prônant l'intégration par l'instruction, il souhaitait que l'on ouvrît partout aux Juifs les écoles publiques. Les enfants pauvres se verraient enseigner dans des ateliers de charité « tous les métiers et arts mécaniques dont la société a besoin[2] ». Car Berr,

1. *Cf.* Malino, *op. cit.*, pp. 78-79. Le 8 mai 1788, les syndics de Bordeaux écrivaient à leurs députés : « Vous connaissez trop toute l'incompatibilité des usages, coutumes et manières de vivre des autres Juifs d'avec les nôtres pour ne pas le faire valoir comme vous le devez... Vous pouvez représenter qu'ils surchargent [le dogme religieux] de beaucoup de cérémonies ridicules, d'idées rabbiniques et qu'ils sont en quelque manière tellement asservis à toutes sortes de superstitions ou de boycotteries que cela les a encore rabaissés à nos yeux au point de ne nous être jamais permis avec eux d'alliances sous les liens du mariage ». *In* Malvezin, *Histoire des Juifs de Bordeaux*, Bordeaux, 1875, p. 253. « Lettre du 22 mai 1788 de Lopes Dubec et Furtado l'aîné aux syndics de la communauté de Bordeaux », *in* Z. Szajkowski, *op. cit.*, p. 29.

2. Berr Isaac Berr, *Réflexions sur l'enregistrement de l'édit des non-catholiques au Parlement de Metz, 10 mars 1788, et projet pour rendre*

notable fortuné, était hanté par la fainéantise des mendiants juifs. Il prévoyait d'établir des « maisons de correction et de discipline pour... les Juifs fainéants ». Allant plus loin, il écrivait : « Dans dix ans, aucun Juif ne pourra se marier qu'il n'ait au préalable obtenu un genre quelconque de commerce, art ou métier, laboureur ou professeur de théologie, ou autres sciences dont il justifiera les titres[1]. » L'attitude de Berr Isaac Berr à l'égard des pauvres rejoignait celle des riches « Portugais ». Il détestait les mendiants, et redoutait les immigrants clandestins tombant à la charge de la communauté, c'est-à-dire de ses notables. Pour le Lorrain Berr, comme pour l'Alsacien Cerf-Berr ou les Bordelais Furtado et Lopes Dubec, la « régénération » des Juifs passait par le maintien de l'organisation communautaire qu'ils contrôlaient. Ces grands notables voulaient la réforme de la condition des Juifs, mais aussi le maintien des institutions qui assuraient à la fois la sauvegarde du judaïsme et leur pouvoir personnel sur les communautés.

Les représentants des Juifs de Paris, Jacob Lazare et Trenel, furent eux aussi consultés[2]. Fin avril, Malesherbes reçut les députés des « Portugais » en présence de Dupré de Saint-Maur. Un questionnaire en treize points, portant sur tous les aspects de la condition des Juifs en Europe et en France, leur fut remis. Pour l'éclairer complètement sur leur position,

---

les Juifs plus utiles et plus heureux en France, *A.N.*, 154, AP II, 135. *Cf.* M. Lemalet, *L'émancipation des Juifs de Lorraine à travers l'œuvre de Berr Isaac Berr*, Actes du colloque tenu en Sorbonne les 18-19 novembre 1986, P.U.F., Sorbonne, p. 68.

1. *Ibid.*

2. *Cf.* D. Feuerwerker, *op. cit.*, pp. 161-162.

Furtado et Lopes Dubec adressèrent au ministre, le 17 juin 1788, un mémoire fortement documenté et argumenté[1]. Ils s'étaient fait aider dans leur tâche par un avocat et historien juif de Bordeaux, Louis Francia de Beaufleury, qui séjournait à Paris. Ce texte important précise très clairement la position des Juifs du Sud-Ouest à la veille de la Révolution : affirmation de la spécificité des Juifs « portugais » qui, partout en Europe, contrairement aux « Allemands », s'assimilent aux populations (« un Juif portugais est anglais en Angleterre et français en France, mais un Juif allemand est allemand partout, relativement à ses usages dont il s'écarte rarement[2] ») ; maintien des structures propres

---

1. Le mémoire comptait 106 pages réparties en trois chapitres : I) Histoire comparée des Juifs de l'Europe ; II) Histoire de l'établissement des Juifs en France ; III) Vues des syndics de la nation juive sur l'espèce de constitution que les Juifs désirent particulièrement avoir en France. *Cf. Mémoire remis par les députés juifs de Bordeaux à Monsieur de Malesherbes, ministre d'État*, 1788, introduction et notes par J. Cavignac, Archives départementales de la Gironde, 1988. *Cf.* F. Malino, *op. cit.*, pp. 80 à 89.

2. *Mémoire présenté par M.M. Lopes Dubec père et Furtado l'aîné*, pp. 17-18, *in* Malino, *op. cit.*, pp. 80-81. La réponse des « Portugais » à la question de Malesherbes au sujet de l'usure est significative : « Leurs opinions et leurs mœurs [des Juifs "allemands"] sont bien différentes de celles des Juifs portugais, et tout projet de réunion est impossible. » *Cf.* J. Cavignac, *op. cit.* Une anecdote rapportée par Rœderer illustre le comportement fort différent de Gradis le Bordelais et de Cerf-Berr l'Alsacien : « Gradis menait la vie d'un homme du monde. Cerf-Berr, rigide observateur des moindres rites institués par Moïse, s'abstenait des mets défendus, ne mangeait avec aucun chrétien, se gardait de la moindre occupation le jour du Sabbat... Un jour où Malesherbes essayait d'argumenter contre Cerf-Berr sur ce sujet [dîner avec les chrétiens], celui-ci entreprit de lui prouver que les maximes des Juifs de Bordeaux étaient dissolues et prêcha la doctrine en rigoriste enthousiaste. Il impatienta extrêmement Malesherbes, comme on peut le croire. Le lendemain, j'allai le voir ; il me raconta cette séance et finit par ces mots : "Le Roi m'a dit qu'il me faisait juif, et voilà Cerf-Berr qui veut me faire janséniste : je ne sais plus lequel entendre" ». *In* Levylier, *Notes*

à chaque communauté (« la loi qui interviendra ne doit pas interdire à chaque corporation ou congrégation son régime particulier... ») ; pour se protéger contre l'afflux des Juifs pauvres ou « allemands », les Bordelais demandent qu'aucun Juif ne puisse se fixer dans une ville de France sans un vote favorable de l'assemblée de la communauté[1]. Quant au statut des Juifs, Furtado et Dubec le souhaitent aussi proche que possible de celui des chrétiens : libre exercice de toutes les professions, droit pour tous les Juifs de posséder terres et maisons, d'accéder aux collèges et aux universités, aux chambres de commerce et aux fonctions municipales.

Le mémoire déposé par les Juifs « allemands » n'a pas été conservé. Mais leurs demandes ne devaient pas être différentes, en 1788, de celles qu'exprimait déjà Cerf-Berr dans son « Mémoire sur l'état des Juifs en Alsace[2] » adressé au Conseil d'État du Roi : liberté économique, égalité fiscale, maintien des structures communautaires et de la juridiction rabbinique[3]. Ainsi les Juifs souhaitaient l'émancipation, mais refusaient l'intégration. Ils s'opposaient par là aux vues de Malesherbes, soucieux d'améliorer leur sort, de leur ouvrir la voie à l'égalité civile, mais préoccupé de faire disparaître les « nations juives » du royaume.

En cet été 1788, la crise politique et financière s'aggravait encore. Malesherbes était absorbé par la

et documents concernant la famille Cerf-Berr, Paris, Plon, 1902-1906, 3 vol., t. I, pp. 28-29.

1. *Cf.* G. Malino, *op. cit.*, pp. 86 à 88.
2. *Cf.* Dohm, *op. cit.*, pp. 113 à 138.
3. *Cf.*, dans le même sens, le mémoire anonyme d'un Juif de l'Est, retrouvé dans les papiers privés de Rœderer, *in* D. Feuerwerker, *op. cit.*, pp. 187 à 189.

rédaction de son « Mémoire sur l'état présent de la Nation ». Furtado et Lopes Dubec furent informés de ce que le Conseil d'État du Roi différait l'examen du statut des Juifs. Le 3 juillet, ils reprirent le chemin de Bordeaux. Le 5 juillet, le Roi annonça sa décision de réunir les États généraux. Le sort des Juifs allait se jouer dorénavant sur une autre scène.

CHAPITRE III

Les élections aux États généraux

Les assemblées électorales et les Juifs

La convocation des États généraux, l'invitation lancée à tous les sujets du royaume de participer à la rédaction des cahiers de doléances, posaient une question inédite : les Juifs pouvaient-ils participer aux assemblées électorales ? Selon le « Règlement général » du 24 janvier 1789 signé de Villedeuil, secrétaire général de la Maison du Roi, la qualité d'électeurs était reconnue « à tous les habitants... nés français ou naturalisés, âgés de 25 ans, domiciliés et compris au rôle des impositions[1] ». Aucune mention n'était faite de la religion. Mais les Juifs établis en France étaient-ils français ?

En dépit de la complexité des textes régissant leur condition, la réponse paraissait claire : les Juifs du royaume étaient « regnicoles », c'est-à-dire sujets du Roi. Certes, ils avaient été bannis à perpétuité, en

1. Sur le règlement, *cf.* A. Brette, *Recueil de documents relatifs à la convocation des États généraux de 1789,* Paris, t. I, pp. 76-77.

1394, par Charles VI dont l'édit avait été renouvelé en 1615 par une déclaration royale. Et, depuis lors, ils n'avaient jamais obtenu collectivement le droit de demeurer en France. Mais chaque communauté juive justifiait d'un statut particulier. Les Juifs « portugais » du Sud pouvaient invoquer les lettres patentes dont ils jouissaient depuis 1550, renouvelées par tous les rois de France[1]. Dans les Trois-Évêchés, l'Alsace et la Lorraine, les communautés juives établies dans ces provinces de l'Est étaient devenues, lors de leur réunion à la France, sujettes du Roi. Dans sa plaidoirie de 1775 pour des commerçants juifs, Lacretelle affirmait : « Là où on leur a ouvert un asile, ils sont habitants, ils sont sujets du Roi. Ils vivent soumis à nos lois, protégés par elles. Ils promettent fidélité au gouvernement. Ils lui payent des impôts. Ils n'ont aucun des caractères dont on a marqué les étrangers parmi nous[2]. » Sans doute le nombre des Juifs s'était-il accru, dans les provinces de l'Est, par une constante immigration. Mais les nouveaux venus s'étaient agrégés aux communautés existantes et avaient été régulièrement autorisés à séjourner par les seigneurs locaux, contre paiement de taxes. Les lettres patentes de juillet 1784, qui réglaient la condition des Juifs d'Alsace, les distinguaient explicitement des étrangers, voués à l'expulsion. Et Louis XVI, en janvier 1784, avait supprimé le péage corporel frappant les Juifs, parce qu'il refusait de laisser subsister une taxe

1. *Lettres patentes du Roi, confirmatives des privilèges dont les Juifs portugais jouissent depuis 1550, données à Versailles au mois de juin 1776*, Paris, Imprimerie Destoupe, 1781.

2. Cité par Lignac, « Les Juifs et la convocation des États généraux », *Revue d'études juives*, LXIV, 1912, p.247.

humiliante « sur aucun de ses sujets ». Juridiquement, donc, les Juifs de l'Est n'étaient pas plus « allemands » que ceux du Sud-Ouest n'étaient « portugais ». Ces qualificatifs visaient une origine, non une nationalité. Tous étaient regnicoles, mais affligés d'un statut particulier qui faisait d'eux, dans le royaume, des sujets aux droits restreints, à la capacité réduite. D'où la question : leur qualité de Français entraînait-elle nécessairement celle d'électeurs ?

Les Juifs soutinrent cette interprétation favorable. Elle allait se heurter à des résistances plus ou moins vives selon leur degré d'intégration au sein de la population locale.

Dans le Sud-Ouest, les Juifs l'emportèrent et participèrent aux élections, non sans difficultés. Le 28 février 1789, le gouverneur de Bordeaux et le maire de la ville firent savoir à Versailles que « les autres corporations marquent la plus grande opposition à admettre les Juifs parmi elles, et désirent que l'on retire l'invitation qui déjà était envoyée à la corporation des Juifs portugais[1] ». Les Juifs de Bordeaux ont cependant des « lettres de naturalité qui semblent leur donner droit à la convocation[2] ». L'on décida donc de soumettre le différend à l'archevêque, Champion de Cicé[3], et au gouverneur. Leur avis dut être favorable, car les « Portugais » prirent part aux assemblées

1. *In* M. Liber, *op. cit.*, p. 252.
2. *Ibid.*
3. 1735-1810. Archevêque de Bordeaux, membre de l'Assemblée des notables en 1787, député du Clergé aux États généraux, Garde des Sceaux du 3 août 1789 au 20 novembre 1790, refusa de prêter serment à la Constitution civile du Clergé. Émigré en 1791, rentra en France en 1802, nommé archevêque d'Aix et comte d'Empire.

électorales. Quatre Juifs[1] furent même nommés parmi les électeurs chargés de désigner les députés aux États généraux. Et il s'en fallut de quatre voix seulement que le riche Gradis ne fût élu[2] ! L'eût-il emporté, quel symbole ! Un Juif député aux États généraux, représentant une des plus grandes villes du royaume, c'était l'émancipation incarnée, la preuve vivante que les Juifs étaient français, sujets du Roi, citoyens de la Nation comme les autres ! Même sans cette victoire, les Juifs de Bordeaux pouvaient néanmoins se féliciter du résultat des élections. Le 18 avril 1789, l'un de leurs notables écrit à Dupré de Saint-Maur, membre de la commission Malesherbes : « Ce qui a mis, Monsieur, le comble à notre satisfaction, c'est l'article 25 du règlement de convocation aux États généraux, qui nous rend partie constitutive de l'État[3]. » La citoyenneté des « Portugais » de Bordeaux était ainsi reconnue avant même l'ouverture des États généraux.

Dans la région de Bayonne, au moment de la convocation des assemblées électorales, les Juifs de Bourg-Saint-Esprit rencontrèrent une vive opposition. Ils représentaient près du tiers de la population locale. Dès lors, leur poids électoral pouvait se révéler déterminant. Dans la sénéchaussée de Tartas, les autorités locales leur refusent l'accès aux assemblées. Ils saisissent le représentant du Roi, le baron de Lalugue, d'une réclamation contre cette exclusion injustifiée. Celui-ci écrit le 14 mars au Garde des

1. Il s'agit de Furtado l'aîné, Lopes Dubec — tous deux dépêchés auprès de Malesherbes, l'année précédente —, Avzedo et David Gradis.
2. *Cf.* Liber, *op. cit.*, p. 249, et Feuerwerker, *op. cit.*, p. 243.
3. Malzevin, *op. cit.*, p. 247.

Sceaux, Barentin[1] : « Mon opinion, Monseigneur, est que la réclamation de ces Juifs est fondée. L'article 25 du Règlement ne me paraît laisser aucun doute à cet égard ; ils ont une existence civile dans le royaume, ils exercent tous les droits du citoyen... Enfin, ils paient l'impôt comme tout autre citoyen. Ils ont donc intérêt à la chose et sont fondés à être convoqués[2]... »

Le Garde des Sceaux reçoit une délégation des « Portugais » de Bayonne, « aussi honnêtement qu'il a pu[3] », et leur donne satisfaction. Une seule réserve : inutile que la convocation soit lue dans la synagogue ; la publication, déjà faite à l'église, doit suffire. Pour prévenir tout incident, compte tenu de « l'antipathie naturelle et forte qu'il y a entre cette nation et les chrétiens, et de ceux-ci envers elle[4] », il est prévu que les Juifs tiendront une assemblée particulière et désigneront leurs propres représentants. Quatre membres « de la nation juive du Bourg-Saint-Esprit » sont ainsi désignés par leurs coreligionnaires pour participer, en qualité d'électeurs, au choix des députés du bailliage aux États généraux[5]. Le 22 avril 1789, l'assemblée du Tiers État de la sénéchaussée de Tartas, présidée par le baron de Batz, grand sénéchal, réduit ce nombre à deux représentants : David Silveyra, délégué des Juifs

1. 1738-1819. Président de la Cour des Aides, membre de l'Assemblée des Notables. Garde des Sceaux jusqu'au 16 juillet 1789. Émigré, revient en France avec Louis XVIII qui le fait Chancelier honoraire.

2. *In* Liber, *op. cit.*, p. 25.

3. A. Brette, *Recueil de documents relatifs à la convocation des États généraux de 1789*, t. IV, p. 289.

4. *In* Liber, *op. cit.*, p. 258.

5. *Cf.* Gérard Nahon, *Les "nations" juives portugaises du Sud-Ouest de la France (1684-1791)*, Documents, Centro cultural portugues, Paris, 1981, p. 253.

« portugais » à Paris, fort bien introduit dans les milieux politiques de la capitale, et Lopes Fonseca, désigné l'année précédente pour représenter les Juifs de Bourg-Saint-Esprit auprès de Malesherbes[1].

Si l'on considère que les Juifs d'Avignon et du comtat Venaissin étaient soumis à l'autorité du pape, et non du Roi, et que les autres Juifs du Midi n'étaient pas constitués en communautés susceptibles de prendre part aux élections, il apparaît ainsi qu'au moment où s'ouvrent les États généraux à Versailles, le 5 mai 1789, les « nations juives portugaises » ont obtenu satisfaction du gouvernement royal. Leurs membres ont été traités à égalité de droits avec les chrétiens.

Pour les Juifs « allemands » des provinces de l'Est, le cours des choses était singulièrement différent. Dans certains bailliages, notamment en Basse-Alsace, les populations locales leur vouaient une hostilité déclarée. Admettre les Juifs aux assemblées électorales des paroisses et des bourgs paraissait impossible. Mais pourquoi les communautés juives ne désigneraient-elles pas directement des représentants aux assemblées chargées d'élire les députés aux États généraux ? L'abbé Grégoire, mesurant l'opportunité, écrit le 23 février 1789 à son ami Isaac Berr Bing, de Metz : « Dites-moi, mon cher, à la veille des États généraux, ne devriez-vous pas vous réunir avec d'autres membres de votre nation pour réclamer les droits et avantages des citoyens ? Plus que jamais, voici le moment[2]. »

Cependant, les autorités royales redoutent que la participation des Juifs aux élections n'entraîne des

1. *Cf.* Feuerwerker, *op. cit.*, p. 246.
2. *In* Liber, *op. cit.*, p. 265.

troubles. Le 6 mars à Étain, près de Verdun, le lieutenant Rollin interroge le ministre de la Guerre, M. de Puységur[1], qui a autorité sur la province : « Nous avons 7 à 8 Juifs nés en France, âgés, domiciliés ici et payant imposition. Ont-ils le droit d'assister aux assemblées en vertu de l'article 25 ? Il semble que non, parce que leur naissance est subordonnée aux lois qui ne les tolèrent en cette province que comme étrangers[2]... » Juridiquement, l'analyse est erronée. Mais, politiquement, pour le comte de Puységur, la réponse ne souffre pas de doute : « Je pense comme vous, répond-il, que les Juifs ne doivent pas être convoqués, ni conséquemment admis aux assemblées[3]. »

En Alsace, les hésitations sont plus marquées. Le 5 mars, le lieutenant général du bailliage de Haguenau, Lacante, demande à Necker « si les Juifs établis dans les villes, bourgs et communes de l'Alsace...., qui par lettres patentes y jouissent d'une existence légale et qui contribuent aux impositions de la province, doivent concourir aux délibérations comme de simples citoyens ou sur le pied de corporations particulières[4] ». Ainsi formulée, la question paraît leur reconnaître implicitement la qualité d'électeurs. La réponse de Necker n'en est pas moins négative : « Les Juifs ne peuvent participer à aucun de ces avantages[5]. » Poli-

1. 1727-1801. Lieutenant général, ministre de la Guerre du 30 novembre 1788 au 12 juillet 1789. Défendit les Tuileries contre les Fédérés le 10 août 1789. Émigré, revint à Paris sous Bonaparte.

2. *In* Feuerwerker, *op. cit.*, p. 247.

3. *In* E. Seligmann, *La Justice en France pendant la Révolution*, Paris, 1901, pp. 160-161.

4. *In* Liber, *op. cit.*, p. 264.

5. *Ibid.*

tiquement, la décision est d'une portée considérable. Elle marque une différence radicale entre Juifs « portugais » du Sud-Ouest et Juifs « allemands » de l'Est. Les « Portugais » sont considérés comme citoyens parce qu'ils sont déjà plus ou moins intégrés dans la population chrétienne. Les « Allemands » se voient refuser leurs droits civiques parce qu'ils sont rejetés par les habitants des provinces. Pour le gouvernement royal, le critère de la citoyenneté est le degré d'assimilation. La « régénération » des Juifs doit donc précéder leur émancipation. Le ministère adopte une position antithétique de celle des partisans de l'émancipation.

Les notables juifs de l'Est mesurent le péril. Cerf-Berr réagit aussitôt. Après avoir rallié à ses vues les syndics des Juifs de Lorraine et des Trois-Évêchés, il fait tenir au ministère un « Mémoire pour la nation juive regnicole établie dans les généralités de Metz, d'Alsace et de Lorraine[1]. » Il rappelle que le premier objet des États généraux est d'obtenir le consentement des sujets du Roi aux nouveaux impôts. Or, les Juifs de l'Est forment des communautés qui tiennent leur constitution du souverain et lui payent des impôts. Ils sont donc sujets du Roi, comme les autres. Cependant, « pour tâcher de concilier toutes les convenances et ne point blesser les préjugés », il propose une solution de compromis : que les Juifs ne participent pas aux assemblées électorales avec les chrétiens, mais élisent directement un ou plusieurs députés aux États généraux pour les représenter. La démarche est politiquement habile : les leaders des communautés de l'Est,

1. D. Feuerwerker, *op. cit.*, pp. 249-250.

en particulier Cerf-Berr lui-même, sont assurés d'être élus. Rompu aux grandes affaires, ayant ses entrées à Versailles, Cerf-Berr se juge capable de faire entendre avec force la voix de ses coreligionnaires, et d'obtenir la reconnaissance de leurs droits.

Le mémoire reste sans réponse. La réunion des États généraux approchant, Cerf-Berr décide alors d'intervenir directement auprès du tout-puissant Necker[1]. La démarche lui paraît d'autant plus nécessaire que de nombreux cahiers de doléances des bailliages de l'Est réclament des mesures contre les Juifs. Le 15 avril 1789, à trois semaines de la date de l'ouverture des États généraux, il écrit donc à Necker en qualité de « syndic général des Juifs de ces trois provinces », pour le mettre en garde contre « différentes propositions tendant à resserrer les chaînes de la nation juive[2] ». Il sollicite un arrêt du Conseil du Roi autorisant les Juifs de l'Est à désigner des députés pour « discuter avec moi des intérêts de la nation juive, et prier un ou plusieurs députés aux États généraux de défendre ses droits, qui sont ceux de l'humanité opprimée[3] ». Ainsi, des députés chrétiens seraient choisis par les Juifs pour promouvoir leurs intérêts aux États généraux. L'abbé Grégoire paraît tout désigné pour cette mission.

Le comte de Puységur, saisi également par Cerf-Berr, écrit à Necker le 21 avril : « Il n'y a aucun

1. 1732-1804. Banquier genevois. Directeur général des Finances de 1777 à 1781. Rappelé le 25 août 1788 pour éviter la banqueroute, congédié le 11 juillet 1789, rappelé le 29 juillet 1789, démissionnaire en septembre 1790.

2. *Cf.* Levylier, *Notes et documents concernant la famille Cerf-Berr, recueillis par un de ses membres, op. cit.*, p. 32.

3. *Ibid.*

inconvénient à ce qu'ils soient [les Juifs] entendus, et il serait injuste qu'ils ne le fussent pas[1]. » La commission du Conseil du Roi chargée de veiller aux élections aux États généraux[2] donne également un avis favorable. Le 23 avril 1789, le Garde des Sceaux, Barentin, fait savoir aux intendants des trois provinces : « Le Roi trouve juste que les Juifs puissent présenter dans un mémoire commun leurs doléances et leurs vœux à l'occasion de la convocation des États généraux. » Les intendants veilleront donc à ce que soient réunis « sans éclat et sans autres formalités » des assemblées où les Juifs dresseront les mémoires de leurs doléances et choisiront des députés qui se rendront à Paris chez leur syndic général, Cerf-Berr. Les mémoires devront alors être fondus en un seul cahier, et soumis au Roi « qui jugera s'il y a lieu de le faire communiquer aux États généraux[3] ».

Le 15 mai 1789, alors que les États généraux sont déjà réunis à Versailles, Necker avise directement Cerf-Berr de l'heureux résultat de ses démarches[4]. En juin, les assemblées des Juifs sont réunies, les cahiers de doléances rédigés[5], les représentants élus à raison de deux par province. Parmi les six délégués qui rejoignent, au début août, Cerf-Berr à Paris, celui-ci compte

1. *In* Liber, *op. cit.*, p. 271.

2. Archives nationales, B. II, liasse 7, pièce 6, cité par D. Feuerwerker, *op. cit.*, p. 255.

3. Liber, *op. cit.*, pp. 271-272.

4. *Cf.* Levylier, *op. cit.*, p. 34. La lettre de Necker à Cerf-Berr s'achève ainsi : « Je suis persuadé, Monsieur, que vous donnerez au Roi, dans cette occasion, des nouvelles preuves de votre zèle ordinaire pour son service. »

5. Robert Weyl et Jean Daltroff, « Le cahier de doléances des Juifs d'Alsace », *in La Revue d'Alsace*, n° 109, 1983, pp. 65 à 80.

trois membres de sa famille. Il mérite bien le titre de « syndic général de la nation juive »... Avec Berr Isaac Berr de Nancy[1], c'est lui qui conduira la bataille politique pour l'émancipation des Juifs de l'Est[2].

L'entreprise s'annonce difficile. Il ne s'agit plus à présent de convaincre Malesherbes et les membres de sa commission, tous esprits éclairés et tolérants, de réformer l'indigne statut des Juifs de l'Est. L'enjeu est plus important et la scène politique plus vaste. Aux États généraux de décider du sort des Juifs. Or dans cette assemblée, leur cause rencontre des adversaires résolus : les députés des provinces de l'Est, dont les cahiers de doléances témoignent d'une profonde hostilité aux Juifs[3].

---

1. 1740-1843. Fils d'un riche négociant de Nancy, caissier général des fournitures du Roi, bénéficiaire de lettres de naturalité lui donnant tous les droits des Français, syndic des Juifs de Lorraine, fut membre de la députation des Juifs de l'Est qui gagna Paris en août 1789. Le 14 octobre 1789, il prononça une ardente allocution à l'Assemblée nationale au nom de ses coreligionnaires de l'Est. Écrivain, orateur, il joua un rôle important pour l'émancipation des Juifs sous la Constituante. Menacé sous la Terreur, il fit partie des deux assemblées de notables juifs convoquées par Napoléon en 1806-1807. Conseiller municipal sous l'Empire, il conserva ses fonctions sous la Restauration.

2. Pour les Trois-Évêchés sont désignés Gouchaux Mayer Cahn et Louis Wolf, qui exercent des fonctions importantes dans la communauté. Pour la Lorraine, Mayer Max, beau-frère de Cerf-Berr, et Berr Isaac Berr, syndic des Juifs de Nancy. Pour l'Alsace, David Sintzheim, autre beau-frère de Cerf-Berr, futur Grand Rabbin de France et futur président du Sanhédrin, ainsi que S. Witterschein, qui sera remplacé bien vite par le fils de Cerf-Berr, Théodore. Liber, *op. cit.*, p. 275.

3. *Cf.* M. Liber, *Les Juifs et la convocation des États généraux*, *op. cit.*, R.E.J. LXIII, 1912, 186-210, LXIV, 89-108. Ph. Sagnac, *Les Juifs et la Révolution française*, *op. cit.*, pp. 215-217. D. Feuerwerker, *op. cit.*, pp. 262-285. « Anatomie de 307 cahiers de doléances de 1789 », *in Annales E.S.C.*, 1965, n° 1, pp. 45-61. B. Blumenkranz, « A propos des Juifs dans les cahiers de doléances », *A.H.R.F.* n° 130, 1967, pp. 473 à 480.

Les cahiers de doléances et les Juifs

Une constatation s'impose : à la veille de la Révolution, le sort des Juifs n'intéresse pas les Français. On compte plus de quarante mille cahiers de doléances. Trois cents environ font mention des Juifs, dont la quasi-totalité émane des provinces de l'Est. En dehors d'eux, quelques cahiers du Tiers État[1] évoquent de minces griefs nourris de la jalousie des corporations. D'autres, moins nombreux encore, viennent au secours des Juifs, tel celui du Tiers État de Bar-sur-Seine qui souhaite qu'on leur étende les droits reconnus en 1787 aux non-catholiques[2]. Plus importante politiquement est la position libérale prise par la Noblesse de Paris, déclarant que « les États généraux doivent prendre en considération le sort des Juifs[3] ». La démarche est significative dans la mesure où ont participé à la rédaction de ce cahier des hommes que l'on retrouvera au premier rang dans la bataille politique en faveur des Juifs : le comte de Clermont-Tonnerre, Adrien Du Port, le duc de La Rochefoucauld, le marquis de Condorcet[4].

---

1. Dans la généralité de Rouen, deux cahiers, l'un des corporations du Havre, l'autre du Tiers État de Royville, près d'Arques, demandent que les Juifs qui viennent commercer dans la région soient astreints à payer des impôts comme les commerçants patentés. Dans le bailliage de Bailleul, le Tiers État se plaint des commerçants juifs ; *cf.* D. Feuerwerker, « Anatomie... », *op. cit.*, p. 50. De même, à Montpellier, les cahiers des fripiers-chaussetiers et celui des orfèvres demandent des mesures contre les Juifs ; *cf.* B. Blumenkranz, *op. cit.*, p. 424.

2. *Cf.* B. Blumenkranz, *op. cit.*, p. 474.

3. *Cf.* L. Chassin, *Les Élections et les cahiers de Paris en 1789*, Paris, 1889, t. II, p. 271.

4. Zalkind Hourvitz avait pris soin d'envoyer son mémoire à la Chambre de la Noblesse de Paris.

Les 303 autres cahiers qui font référence aux Juifs émanent des provinces de l'Est. Ils reflètent la répartition et la concentration des Juifs dans celles-ci[1]. A lire les doléances, l'hostilité à leur égard paraît inspirée par des considérations économiques plus que par les préjugés religieux, moins intenses en cette fin du XVIIIe siècle[2].

La dénonciation la plus commune est celle de l'usure, « un des fléaux les plus redoutables des campagnes ». Singulièrement, sur plus de deux cents cahiers qui reprochent aux Juifs ces pratiques, quelques-uns seulement émanent d'Alsace, plus précisément des districts de Colmar et Sélestat. C'est là, en effet, que s'est développée l'affaire des fausses quittances et que l'antijudaïsme est le plus vif. Ces cahiers sont l'œuvre de la Noblesse et du Clergé alsaciens. Le Tiers État n'évoque pas la question, parce qu'en l'absence de tout établissement de crédit, le prêt d'argent, même à taux excessif, pratiqué par les Juifs, est une nécessité pour les petites gens. Les cahiers reprochent en outre aux Juifs leur concurrence excessive, leur accaparement des denrées et du numéraire[3]. Ces critiques sont parfois d'ailleurs étendues aux chrétiens.

Plus significatives sont les mesures demandées contre les Juifs. Les Lorrains réclament l'extension à la

1. Les plus nombreux proviennent des Trois-Évêchés : Thionville et Vic en tête. Puis vient la Lorraine, avec 138 cahiers, dont 72 issus de trois bailliages : Bouzonville, Dieuze, Exheim. Enfin, en Alsace, seuls 19 cahiers s'en prennent aux Juifs.

2. Dix-sept cahiers seulement témoignent d'une hostilité religieuse ; *cf.* D. Feuerwerker, *op. cit.*, p. 52 ; Liber, *op. cit.*, p. 209.

3. *Cf.* D. Feuerwerker, « Anatomie... », *op. cit.*, pp. 50-51 ; *cf.* B. Blumenkranz, *article précité*, p. 478.

province des mesures restrictives prises en 1784 à l'égard des Juifs d'Alsace. Même demande dans les Trois-Évêchés, à Vic et à Sarrebourg. Certains cahiers souhaitent l'enfermement des Juifs dans des ghettos. D'autres suggèrent leur dispersion dans tout le royaume. En Lorraine, douze bailliages sur dix-huit requièrent une limitation plus sévère du nombre des Juifs admis à résidence, ou demandent « qu'on expulse les Juifs du royaume, si on ne peut les rendre utiles ». Les suggestions à cette fin varient selon les cahiers : tantôt on veut leur ouvrir l'artisanat (32 cahiers), tantôt les autoriser à commercer plus largement, ou leur permettre l'agriculture (19 cahiers) ou les arts libéraux (28 cahiers). Enfin, huit cahiers en Lorraine et dans les Trois-Évêchés marquent une volonté d'émancipation : si les Juifs doivent demeurer en France, qu'ils y jouissent de l'égalité civile. Ainsi, exerçant d'autres activités, se détourneront-ils de l'usure. Mais, pour l'essentiel, et dans la singulière uniformité de leur rédaction[1], les cahiers de doléances des provinces de l'Est témoignent d'un antijudaïsme vivace. Ainsi veut-on, à Haguenau, « arrêter dans son principe leur étonnante pullulation[2] » en ne permettant le mariage qu'au fils aîné de chaque famille. A Thionville, il faut leur refuser tout droit d'habitation. A

1. *Cf.* Liber : « On constate que dans leurs cahiers [des paysans lorrains], beaucoup d'articles se ressemblent étrangement par le fond, et que quelques-uns sont identiques jusque dans l'expression », *op. cit.*, p. 97. *Cf.* également *Lettre d'un Alsacien sur les Juifs d'Alsace à M. Rewbell*, Paris, 1790, p. 9 : « Par qui ont été rédigés ces cahiers ? Par des gens de loi..., conspirateurs ardents contre les droits de l'homme, parce qu'il ne saurait y avoir que peu de procès là où ces droits sont reconnus », in *Lettres, mémoires...*, *op. cit.*, p. 9.

2. Tiers État de Hagueneau, Art. 39. *In* Sagnac, *op. cit.*, p. 216.

Colmar, le Clergé affirme : « Les Juifs sont la première cause de la misère du peuple, de la perte de tout sentiment d'énergie, de la dépravation morale[1]... » Et la Noblesse de Colmar déclare en écho : « Il est plus que temps de prendre un parti définitif et tranchant[2]... »

Rien là de surprenant pour le gouvernement du Roi, très au fait de cette hostilité grâce aux rapports de ses intendants et gouverneurs[3]. Mais, à l'Assemblée nationale où les députés se doivent d'agir selon les instructions de leurs mandants et où l'opinion publique est reine, ces dénonciations renouvelées contre les Juifs de l'Est, ces demandes visant à aggraver leur condition plutôt qu'à les libérer de leur servitude, constituent autant d'obstacles à leur cause.

Par prudence, les Juifs décident, dans leurs propres cahiers rédigés à la fin du printemps 1789, de ne pas revendiquer l'égalité complète des droits. Ils forment d'abord des demandes communes : égalité devant l'impôt, suppression de toutes les taxes particulières, notamment « d'habitation et de protection », droit d'exercer toutes professions, d'acquérir terres et immeubles, de s'établir librement dans tout le royaume ; ils demandent aussi la liberté du culte et le maintien des organisations communautaires. Ils reprennent donc les requêtes présentées à Malesherbes un an plus tôt : plénitude

1. Tiers État de Thionville, 280, *ibid.*

2. Cahiers du Clergé de Colmar et de Schlestadt, *Arch. Parl.*, III, p. 55.

3. Noblesse des districts réunis de Colmar et de Schlestadt, *Arch. Parl.*, III, p. 8.

des droits civils — sinon des droits civiques — et sauvegarde de leur autonomie religieuse et communautaire[1].

Au texte général, chaque communauté ajoute ses revendications particulières. Les Juifs de Metz réclament la suppression de la taxe de 20 000 livres payée chaque année à la famille Brancas. Les Juifs d'Alsace demandent la liberté de se marier sans autorisation préalable, le droit d'engager des chrétiens pour les travaux agricoles, et qu'« il soit défendu à tout homme public d'user d'épithètes blessantes envers les Juifs[2] ». Les Lorrains réclament pour leurs enfants l'accès aux collèges et universités[3]. Soucieux de se protéger contre l'afflux de Juifs pauvres, ils souhaitent aussi que ne puissent s'établir en Lorraine que des Juifs justifiant d'un certain capital : 10 000 livres pour Nancy, 1 200 livres pour les villages. Ainsi, écrira Berr Isaac Berr, « nous nous bornâmes à demander à sortir de l'esclavage dans lequel on nous tenait particulièrement, et de conserver les faibles privilèges dont nous jouissions[4] ».

Sous l'autorité de Cerf-Berr, ces divers cahiers furent fondus à Paris en un seul texte qui fut remis au Garde des Sceaux. Celui-ci le transmit à l'abbé Grégoire, ainsi constitué défenseur de la cause des Juifs à l'Assemblée nationale. Mais, avant même qu'il

1. *Cf.* Liber, *op. cit.*, pp. 99 à 109.
2. *Ibid.*, p. 115.
3. *Cf.* Berr Isaac Berr, *Mémoire adressé à Malesherbes en 1788* : « Le moral des Juifs ayant été affecté par la suite des longues persécutions et avilissements, il est indispensable de leur fournir les moyens de pouvoir donner de l'éducation à leurs enfants. » *A.N.*, 154, II, 135.
4. « Lettre du Sieur Berr Isaac Berr... à Mgr l'évêque de Nancy », 1790, *in Lettres, mémoires...*, *op. cit.*, p. 4.

ait pu soutenir leurs demandes, le cours des événements se précipita. Après les journées révolutionnaires de juillet 1789, les Juifs se trouvaient placés devant une situation politique radicalement différente.

CHAPITRE IV

Un été brûlant

Les six députés des Juifs de l'Est étaient arrivés à Paris, début août, pour y retrouver Cerf-Berr. Mais, depuis l'élaboration, en juin, de leurs cahiers de doléances, des événements décisifs s'étaient produits. La nuit du 4 Août, le décret des 6-11 août avaient détruit l'ordre social de l'Ancien Régime et aboli les privilèges dont certains pesaient sur les Juifs. Surtout, la Déclaration des droits de l'homme, votée du 20 au 26 août, avait proclamé que tous les hommes naissent et demeurent libres et égaux en droits, et garanti la liberté des opinions « même religieuses ».

Au cours de la discussion, le 23 août, le pasteur Rabaut Saint-Étienne[1] était intervenu, « plutôt en suppliant » qu'en législateur : « Je demande, pour les protestants français, pour tous les non-catholiques du royaume, ce que vous demandez pour vous : la liberté, l'égalité de droits. » Et il avait ajouté à l'intention des Juifs : « Je le demande pour ce peuple arraché de

1. 1743-1793. Député du Tiers État de Nîmes, patriote, il joua un rôle important dans les débats sur les questions religieuses. Député à la Convention, proche des Girondins, guillotiné le 5 décembre 1793.

l'Asie, toujours errant, toujours proscrit, toujours persécuté depuis près de dix-huit siècles, qui prendrait nos mœurs et nos usages si, par nos lois, il était incorporé avec nous, et auquel nous ne devons point reprocher sa morale, parce qu'elle est le fruit de notre barbarie et de l'humiliation à laquelle nous l'avons injustement condamné[1]. »

L'Assemblée ne réagit pas directement à ce propos. Mais, en votant la Déclaration des droits de l'homme, n'avait-elle pas répondu aux vœux éloquents du pasteur Rabaut ? Les Juifs, comme tous les hommes, n'avaient-ils pas été solennellement déclarés libres et égaux en droits ? Le sort des Juifs en France paraissait réglé. Berr Isaac Berr rappelle l'émotion qui saisit alors les députés des Juifs de l'Est : « Nous apprîmes avec bien de la joie que le premier article de la Constitution émanée de la sagesse de l'Assemblée nationale établissait les droits de l'homme, en déclarant que tous les hommes naissent égaux et libres : nous trouvâmes alors non seulement notre mission inutile, mais nous jugeâmes que ce décret, base du bonheur des Français, nous accordait des droits bien au-delà de ce que nous étions chargés de demander par nos cahiers[2]... »

1. *Arch. Parl.*, t. VIII, p. 479.

2. *Cf.* Berr Isaac Berr, « Lettre à Mgr l'évêque de Nancy », *op. cit.*, p. 4. Le 24 juillet 1789, quelques jours après la prise de la Bastille, Berr Isaac Berr, à la tête d'une députation de la communauté, avait annoncé à la nouvelle municipalité de Nancy que, pour témoigner de son civisme, la communauté juive allait concourir aux mesures urgentes d'approvisionnement de la cité. *Cf.* Godechot, « Les Juifs de Nancy de 1789 à 1795 », *Revue d'études juives*, 1925, t. 86, p. 87.

Les violences contre les Juifs

Mais, dans les provinces de l'Est, le cours des choses est différent. La violence populaire se déchaîne contre les Juifs. A Lixheim, en Lorraine, dans la nuit du 1er au 2 août, la foule se porte à l'assaut des habitations des Juifs dénoncés comme accapareurs. Une dizaine de leurs maisons sont pillées. La maréchaussée de Sarreguemines doit intervenir. Les troubles s'étendent. Le 6 août, la Commission intermédiaire de Lorraine écrit à l'Assemblée nationale : « Les Juifs sont chassés de leurs maisons, dépouillés de leurs propriétés et de leurs vêtements mêmes, et traités, à Lixheim surtout, avec une fureur sans exemple[1]. »

En Haute-Alsace se répand la Grande Peur. Les paysans s'attaquent aux châteaux et aux abbayes pour détruire tous les titres qui fondent leurs redevances. Dans le Sundgau, ils s'en prennent aussi aux Juifs. Dans dix-neuf villages, ils incendient ou pillent leurs demeures. Les Juifs sont pourchassés, molestés et doivent s'enfuir, parfois à demi-nus. Ils se réfugient par centaines à Bâle. Ils y resteront jusqu'aux derniers jours d'août[2], accueillis avec humanité par les autorités locales. La ville de Mulhouse reçoit également plusieurs centaines de réfugiés. L'angoisse règne dans toutes les communautés juives de l'Est.

---

1. *In* D. Feuerwerker, *op. cit.*, p. 282.

2. Cerf-Berr, le 30 août 1789, écrit à la municipalité de Bâle : « Magnifiques Seigneurs, je suis pénétré de la plus vive et respectueuse reconnaissance pour la marque d'humanité et de charité dont vous avez comblé les pauvres Juifs de l'Alsace, victimes de l'anarchie du moment... » *In* D. Feuerwerker, *op. cit.*, p. 29.

Aussi l'abbé Grégoire intervient-il au soir du 3 août à l'Assemblée nationale. Il évoque le sort des Juifs de l'Est et dénonce les violences qu'ils endurent. Il demande, « comme ministre d'une religion qui regarde tous les hommes comme frères..., l'intervention du pouvoir de l'Assemblée en faveur de ce peuple proscrit et malheureux[1] ». Pour la première fois, la voix d'un député se fait entendre en faveur des Juifs dans l'enceinte de l'Assemblée.

Avisés de cette intervention, les « Portugais » s'émeuvent aussitôt. Ils redoutent les élans généreux de Grégoire en faveur de leurs coreligionnaires de l'Est. Ils sont très au fait de ce qui se passe à l'Assemblée, aussi bien par leurs relations personnelles avec les députés de Bordeaux que par leur représentant à Paris, David Silveyra. Le plus sage, politiquement, leur paraît être de ne susciter aucun débat particulier sur le cas des Juifs. Il leur suffira d'invoquer la disposition générale de la Déclaration des droits de l'homme pour que leur soient reconnus tous les droits du citoyen. Par son ardeur, l'abbé Grégoire risque de ruiner cette stratégie de la discrétion.

Aussi, le 14 août, les quatre représentants de la communauté de Bordeaux publient-ils le texte d'une lettre adressée à « M. Grégoire, curé d'Embermesnil, député de Nancy ». Le texte est révélateur. Ils offrent à l'abbé Grégoire « un juste tribut d'éloges et de reconnaissance... », ajoutant « combien nous nous félicitons, Monsieur, d'avoir trouvé en vous un défenseur aussi courageux et aussi zélé. La Providence semble

1. *Ibid.*, p. 292.

vous avoir suscité pour adoucir notre destinée[1] ». Hommage rendu, les Bordelais passent aux considérations politiques : « Nous ne présumons pas que, dans l'état actuel des choses, il faille, pour régénérer les Juifs, d'autres lois que celles qui serviront à la régénération du royaume entier[2]... » Surtout, ils demandent qu'aucune disposition ne soit prise au sujet des Juifs de l'Est, susceptible de s'appliquer à tous les Juifs sans distinction : « Si la conduite ou le sort malheureux des Juifs de l'Alsace et des Trois-Évêchés déterminent l'Assemblée nationale à faire quelque règlement qui doit être commun à tous les Juifs du royaume, ceux de Bordeaux le regarderaient comme une injustice aussi gratuite qu'elle serait cruelle[3]. » L'avertissement à Grégoire et aux représentants des Juifs de l'Est est clair.

S'agissant des « Portugais », le raisonnement politique est irréprochable : leur participation aux élections aux États généraux vaut reconnaissance de leur qualité de citoyens. Que les droits des citoyens s'étendent, et les Juifs de Bordeaux en profiteront comme tous les autres Français[4]. Mais cette heureuse situation des notables juifs du Sud-Ouest est sans rapport avec la tourmente qui s'abat sur certaines communautés de

1. « Lettre adressée à M. Grégoire, curé d'Embermesnil, député de Nancy, par les députés de la Nation juive portugaise de Bordeaux, le 14 août 1789 », Versailles, 1789, p. 1, *B.N.* 8° Ld. 184-29.

2. *Ibid.*, pp. 2 et 3.

3. *Ibid.*, p. 3.

4. A l'intention de Grégoire, les « Portugais » marquent avec satisfaction « les effets salutaires qu'a produits l'égalité des droits à Bordeaux ; nos concitoyens rassemblés avec nous dans les églises paroissiales, pour la formation des régiments patriotiques, nous ont librement élus jusqu'au grade de capitaine : faudrait-il d'autres exemples de confraternité entre les chrétiens et les Juifs ? » *Ibid.*, p. 4.

l'Est. Entre le riche Bordelais, élu officier de la garde nationale, et le misérable fripier de Lixheim, s'enfuyant la nuit pour échapper aux incendiaires et aux pillards, il n'y a de commun que l'épithète « juif ». Mais elle ne recouvre à Bordeaux qu'une religion, alors que, dans le Sundgau, elle est insulte et menace. On conçoit que, pour de brillants sépharades du Sud-Ouest, se retrouver confondus avec la misérable masse des ashkénazes de l'Est ait suscité plus d'inquiétude que de solidarité.

Les Juifs de Paris refusent la politique de réserve et de silence prônée par les Bordelais. Comme tous les Parisiens, ils ont vécu les journées révolutionnaires. Nombreux sont ceux qui se sont engagés dans la garde nationale[1]. Ils versent des dons patriotiques[2]. Ils ont acquis une expérience et un sens politique plus affinés que leurs coreligionnaires de l'Est et même du Sud-Ouest. N'ayant pas de communauté, ils peuvent aisément se doter d'organes nouveaux, mieux adaptés à la situation. Ainsi, dans l'été 1789, se constitue un comité représentatif chargé de défendre les Juifs de Paris. Sa composition reflète la diversité de leurs origines et un souci évident d'équilibre : sur onze

1. « Sur cinq cents Juifs qui existent à Paris, il y en a plus de cent qui se sont enrôlés dans la garde nationale », *in* « Discours prononcé par M. Godard, le 28 janvier 1790, en présentant à l'Assemblée générale de la Commune de Paris une députation des Juifs de Paris », p. 6, *in* « Discours, lettres et rapports de la Commune et des districts de Paris », *in La Révolution française et les Juifs*, Edhis, Paris, 1968, t. VI.

2. Elie Mardochee offre 1 500 livres, en septembre 1789, au nom des Juifs de Paris. *Cf.* L. Kahn, *op. cit.*, p. 153. Le 14 septembre, Trenel fait un don patriotique de 660 livres. « Lorsque le président annonça que ce don avait été fait par un Juif, il y eut des applaudissements ». *In Le Journal révolutionnaire d'Abraham Spire*, présenté et traduit par S. Schwarzfuchs, Éditions Verdier, 1989, p. 59.

membres, six, dont le président, sont ashkénazes, cinq, dont le vice-président, sont sépharades[1].

Le 26 août, jour même où est adoptée la Déclaration des droits de l'homme, le comité publie une adresse à l'Assemblée nationale. Parce qu'elle est l'œuvre commune de « Portugais » et d'« Allemands », et qu'elle émane du groupe de Juifs le plus sensibilisé à la Révolution, elle revêt une force symbolique et un intérêt politique particuliers. Dans cette adresse, les Juifs de Paris, après avoir félicité l'Assemblée, placent leur démarche sous les auspices des Droits de l'homme : « En restituant à l'homme sa dignité première, en le rétablissant dans la jouissance de ses droits, vous n'avez entendu faire aucune distinction entre un homme et un autre homme... Dans cet empire qui est notre patrie, le titre d'homme nous garantit celui de citoyen, et le titre de citoyen nous donnera tous les droits de cité, toutes les facultés civiles[2]... » Mais les Parisiens vont au-delà : « Pour que le peuple... perde l'habitude... de nous regarder pour ainsi dire comme étrangers à la nation française et indignes d'y avoir une autre existence, nous venons vous supplier, Messeigneurs, de faire dans vos décrets une mention particulière de la nation juive et de consacrer ainsi notre titre et nos droits de citoyens[3]. »

Aux Juifs de Bordeaux, une telle proclamation peut paraître inutile, puisque l'assimilation a précédé pour

1. *Cf.* Liber, *op. cit.*, pp. 176 à 181, qui étudie très précisément la composition du comité et l'origine de ses membres. Deux d'entre eux, Lazare et Trenel, avaient déjà représenté la communauté auprès de Malesherbes.

2. *Cf.* Liber, *op. cit.*, p. 182.

3. *Ibid.*, p. 121.

eux l'émancipation. Mais ceux de Paris savent que les Juifs doivent être proclamés citoyens si l'on veut que le peuple mesure clairement qu'ils le sont devenus. Et pour marquer leur volonté d'assimilation, ils se déclarent prêts à renoncer à toute organisation communautaire, comme à la compétence des tribunaux rabbiniques[1]. Le sacrifice leur est d'ailleurs d'autant plus léger qu'il n'existe pas de communauté organisée à Paris.

Les six députés des Juifs de l'Est et Cerf-Berr, présents durant tout le mois d'août dans la capitale, ne pouvaient ignorer la position de leurs coreligionnaires parisiens. Ils publient à leur tour une adresse à l'Assemblée nationale. Au moment où ils la rédigent, l'agitation antijuive persiste dans certains bailliages d'Alsace et de Lorraine. Pour répondre à la motion de l'Assemblée prise à la demande de Grégoire, le Roi, par ordonnance du 26 août[2], place les Juifs d'Alsace sous sa sauvegarde. Le 28 août, la commission intermédiaire de Lorraine adresse aux communes où habitent des Juifs un arrêté dénonçant « les excès commis dans plusieurs communes de la province contre les familles juives qui y sont établies ». Elle invite les autorités à leur accorder abri et secours et à « veiller à ce que, rentrés dans leurs foyers, ils soient à l'abri des vexations qu'ils ont éprouvées[3] ».

1. « Nous sommes tellement convaincus, écrivent-ils, de la nécessité où sont tous les membres d'un grand empire de se soumettre à un plan uniforme de police et de jurisprudence, que nous demandons à être soumis, comme tous les Français, à la même jurisprudence, à la même police, aux mêmes tribunaux, et que nous renonçons... au privilège qui nous avait été accordé d'avoir des chefs particuliers tirés de notre sein. »

2. *Cf.* D. Feuerwerker, *op. cit.*, p. 301.

3. *Ibid.*, pp. 297-298.

Face à cette situation menaçante, la réserve recommandée par les Juifs de Bordeaux n'est pas de mise. Comme le comité de Paris, les Juifs de l'Est demandent le 30 août à l'Assemblée de se « prononcer d'une manière expresse sur le sort des Juifs en leur décernant le titre et les droits de citoyens[1] ». Car « lorsque la fureur populaire cherchait dernièrement des victimes, elle s'est tournée contre les Juifs eux-mêmes[2]... » Seule une déclaration explicite marquant qu'ils bénéficient de tous les droits du citoyen pourra donc les sauver « des attaques du préjugé ou des pièges du fanatisme[3] ». Mais, à la différence des Juifs de Paris, ceux de l'Est entendent conserver « nos synagogues, nos rabbins et nos syndics de la même manière que le tout existe aujourd'hui », et « être maintenus dans le libre exercice de nos lois, rites et usages[4] ».

Cet attachement profond, presque viscéral, des Juifs à leurs coutumes et à leurs institutions traditionnelles ne peut que heurter la sensibilité de l'Assemblée. Quoi ! abattre tous les privilèges et laisser subsister ceux des Juifs ? Unifier le royaume et ses lois et permettre aux Juifs de conserver les leurs et une organisation particulière ?

Cette demande, si peu politique en l'occurence,

1. « Adresse présentée à l'Assemblée nationale par les députés des Juifs, le 31 août 1789 », p. 13. *In Adresses, mémoires et pétitions des Juifs, op. cit.*
2. *Ibid.*, p. 4.
3. *Ibid.*
4. Les autres revendications de l'adresse du 31 août sont celles déjà inscrites dans le cahier commun de doléances rédigé par les députés des Juifs de l'Est. Ils demandaient notamment le droit de libre établissement dans tout le royaume, l'abolition de toutes les taxes particulières et injustes. *Adresses..., op. cit.*, p. 4.

exprime l'inquiétude des Juifs de l'Est face aux persécutions qui persistent encore au moment où l'Assemblée proclame les Droits de l'homme. L'émancipation, ils la souhaitent de toutes leurs forces ; mais l'assimilation radicale, l'échange de leur statut communautaire contre une identité abstraite dont ils ne perçoivent pas la nature, assortie de la destruction de leurs institutions si longtemps maintenues au long des épreuves, ils ne sont pas prêts à l'assumer. Pourquoi avoir si longtemps conservé intactes leurs traditions, leurs lois, leurs communautés, s'ils doivent en un jour y renoncer contre une citoyenneté sans réalité pour ces âmes obstinées et apeurées ?

Ces angoisses secrètes, les délégués des Juifs de l'Est ne peuvent les livrer à l'Assemblée nationale en ces jours éclatants où se forgent les Droits de l'homme et où résonne la promesse de leur libération. Berr Isaac Berr et les autres délégués avancent donc d'autres raisons, plus utilitaires : l'organisation communautaire favorise les devoirs de la religion, donc les « devoirs sociaux » : « C'est pour être meilleurs citoyens que nous demandons à conserver notre synagogue, nos rabbins et nos syndics[1]. » Ils rappellent que les communautés sont criblées de dettes et que seul leur maintien permettra de les acquitter[2]. On est loin des élégantes formules des notables juifs du quartier des Chartrons[3] !

1. *Ibid.*, p. 11.

2. La communauté de Metz demandait à titre particulier que, pour garantir le règlement de sa dette, « il soit déclaré par une loi précise qu'aucun Juif ne pourra sortir du quartier qu'il habite sans avoir payé sa portion de la dette commune ». *In Adresses, mémoires...*, *op. cit.*, p. 11.

3. Nombre de bourgeois juifs, financiers ou négociants, avaient élu domicile dans ce faubourg élégant de Bordeaux.

Comme pour ajouter encore à la diversité des démarches et à la complexité des demandes formées par les Juifs en cette fin du mois d'août 1789, deux communautés de Lorraine, celles de Lunéville et de Sarreguemines, choisissent de faire bande à part et de présenter à l'Assemblée un mémoire propre et des revendications particulières ! L'origine de cette démarche singulière s'inscrit dans une querelle qui les oppose à leurs coreligionnaires de Nancy[1]. Refusant d'être représentés par les députés des Juifs de cette ville, ils demandent qu'« à l'avenir, les Juifs établis à Lunéville et à Sarreguemines ne soient plus distingués des autres citoyens de leurs villes. Qu'ils cessent de former une corporation particulière et en quelque sorte étrangère au reste de leurs cités ». C'est la même demande que celle des Juifs de Paris, mais le mobile en est différent. Ne plus former une « corporation particulière », c'est cesser d'être rattachés à la communauté des Juifs de Lorraine et soumis au pouvoir de ses syndics. Derrière la revendication de l'émancipation et de l'assimilation se dissimule une volonté de rupture avec Nancy. Et, pour marquer leur adhésion au nouvel ordre des choses, les Juifs de Lunéville joignent un certificat du comité de la ville attestant que leur communauté a offert, le 3 août, de contribuer en deniers à la chose

1. Quand, en 1788, les seize familles juives de Lunéville avaient demandé à choisir leur rabbin, la permission leur en avait été refusée par les syndics de Nancy dont elles dépendaient. Exaspérée, la communauté de Lunéville entraîna celle de Sarreguemines, où les Juifs étaient nombreux, dans son opposition à Nancy. Lorsque la Révolution éclata, les deux communautés y virent l'occasion de se libérer de la tutelle nancéienne.

publique et qu'elle a été placée en tête des « zélés donateurs[1] » !

Ainsi se mêlent, en ce mois d'août 1789, grands principes et petites manœuvres, appels solennels et querelles de voisinage. En ces premiers temps de la Révolution, la « nation juive » n'apparaît rien moins qu'une et indivisible.

Les forces politiques en présence

Dans cet été révolutionnaire de 1789, sur quels concours peuvent compter les Juifs ? L'opinion publique est captivée par les événements qui bouleversent la France. Au sort des Juifs, elle demeure indifférente, sauf dans les provinces de l'Est où elle leur est hostile. Au sein de l'Assemblée, en revanche, si la majorité des députés ne s'intéresse pas plus aux Juifs que leurs électeurs, la prépondérance des députés « patriotes » sert leur cause. Car c'est dans leurs rangs que se comptent leurs plus ardents défenseurs. Aux côtés de l'abbé Grégoire, des représentants éminents de la Noblesse libérale de Paris : Clermont-Tonnerre, Du Port, La Rochefoucauld d'Enville ou Castellane, sont acquis à l'émancipation. Les grands leaders patriotes, ceux dont l'ascendant est le plus fort sur l'Assemblée, leur sont favorables. Mirabeau, dont l'emprise sur l'Assemblée et l'opinion publique est considérable en ces premiers mois de la Révolution, adhère à leur cause. N'a-t-il pas soutenu et propagé les idées de

1. *Cf.* « Mémoire pour les Juifs de Lunéville et de Sarreguemines », p. 5, *in Adresses, mémoires...*, *op. cit.*

Moses Mendelssohn et de Dohm sur la réforme des Juifs ? Les autres gloires du moment, La Fayette, Sieyès, n'ont pas pris publiquement parti en leur faveur ; mais La Fayette s'est fait le champion des Droits de l'homme, il est membre de la *Société des amis des Noirs* ; Washington est sa permanente référence, et les États-Unis ont reconnu aux Juifs la plénitude de leurs droits civils et politiques[1]. Quant à Sieyès, il exclut des citoyens « actifs » les femmes, les étrangers, mais non les Juifs[2]. Et à l'extrême gauche, les démocrates, Robespierre, Pétion, sont acquis à l'émancipation des Juifs comme à la suppression de l'esclavage des Noirs.

Du côté de leurs adversaires se comptent d'abord les députés des provinces de l'Est, toutes tendances politiques confondues. Les populations qu'ils représentent sont plus enclines à aggraver la condition des Juifs qu'à l'adoucir, à les exclure de la vie publique plutôt qu'à les intégrer dans la cité. Les députés de l'Est connaissent l'hostilité qui entoure les Juifs dans certains bailliages. Les violences du mois de juillet 1789 ne sont à leurs yeux que le signe précurseur d'autres troubles, de massacres peut-être, si les Juifs, ces parias méprisés et détestés, sont proclamés citoyens.

1. *Cf.* Lettre de George Washington à la communauté juive de Rhode Island, 17 août 1790 : « Les citoyens des États-Unis d'Amérique ont le droit de se féliciter d'avoir donné à l'humanité des exemples d'une politique libérale, digne d'imitation. Tous possèdent également la liberté de conscience et les garanties de la citoyenneté... Il est heureux que le gouvernement des États-Unis ne donne pas au fanatisme sa sanction, à la persécution son concours, mais demande seulement que ceux qui vivent sous sa protection se comportent en bons citoyens... » (Document communiqué par M. Scaglia, juge à la Cour suprême des États-Unis).

2. *Cf.* Jean-Denis Bredin, *Sieyès, la clé de la Révolution française*, Éditions de Fallois, 1988, pp. 130-131.

L'opinion de leurs mandants, la tension régnant dans leurs provinces, et, chez certains, leurs propres sentiments antijuifs, se conjuguent pour les inciter à s'opposer avec énergie aux entreprises de l'abbé Grégoire et des partisans de l'émancipation. Ainsi, patriote comme Rewbell[1], « Noir » comme Hell, libéral comme le prince de Broglie[2], ou conservateur comme La Fare[3], évêque de Nancy, tous se retrouvent unis contre les Juifs. La conjoncture politique leur amène le renfort de la droite monarchiste, des « Noirs » qu'inspire l'abbé Maury[4], brillant orateur et opposant farouche à la Révolution. Le haut clergé, enfin, demeure largement fidèle à la tradition de l'antijudaïsme. Certes, on compte parmi les plus ardents défenseurs des Juifs des ecclésiastiques : l'abbé Grégoire, Lamourette, grand

1. 1747-1807. Avocat. Député aux États généraux. Siège à gauche parmi les patriotes. Élu procureur-syndic du Haut-Rhin pendant la Législative. Député à la Convention. Chargé de la défense de Mayence, il dut capituler. Membre du Comité de salut public après Thermidor, membre du Directoire, spécialisé dans les Relations extérieures, élu au Conseil des Anciens. Le coup d'État de Brumaire mit fin à sa carrière politique.

2. 1757-1794. Député de la Noblesse de Colmar aux États généraux. Libéral. Membre de la Société des amis de la Constitution. Sous la Législative, maréchal de camp de l'armée du Rhin. Démissionne après le 10 août. Guillotiné le 27 juin 1794.

3. 1752-1829. Évêque et député du Clergé de Nancy aux États généraux. Adversaire des principes de la Révolution. Fonde en 1790 le Club des Impartiaux, avec Malouet et Clermont-Tonnerre ; émigré en 1791. Revient en France après la Restauration. Devient pair de France, archevêque de Sens et cardinal en 1823.

4. 1746-1817. Prédicateur et écrivain célèbre, académicien, élu aux États généraux par le Clergé de Péronne. Défenseur acharné des prérogatives royales, brillant orateur, émigré à la dissolution de la Constituante. Nommé évêque, puis cardinal par le pape, il se rallia à Napoléon après le sacre, fut annobli, nommé à l'Institut, obtint le diocèse de Paris. A la Restauration, rejeté par Louis XVIII, il fut emprisonné pendant six mois à Rome où il sollicitait le pardon du pape.

vicaire d'Arras, ami de Mirabeau, l'abbé Mulot, membre de la Commune de Paris. Mais la plupart des députés du Clergé à l'Assemblée s'opposent à l'émancipation.

Ainsi se dessine la ligne de partage des forces politiques entre partisans et adversaires de l'émancipation en cet été 1789. Sont en sa faveur « les patriotes », engagés à gauche, comme Grégoire ou Robespierre. A leur côté, des modérés, comme La Rochefoucauld ou Adrien Du Port ; des libéraux comme Clermont-Tonnerre. Contre l'émancipation, les députés de l'Est, toutes tendances confondues, et la droite monarchiste appuyée sur le Clergé. Au centre, de nombreux députés demeurent dans l'incertitude. Quant au Roi et à ses ministres, peu leur importe la question des Juifs, en cet été où s'effondre la monarchie absolue ! Mais leur attitude n'a pas varié depuis le départ de Malesherbes. Louis XVI écrit à l'Assemblée, fin septembre 1789 : « J'ai déjà marqué mes intentions en faveur des Juifs d'Alsace et je continuerai à les protéger contre les vexations dont ils sont victimes[1]. » Pour ce qui est de les émanciper, c'est maintenant l'affaire de l'Assemblée, et non plus la sienne.

En vérité, face à l'hostilité des populations de l'Est et à la détermination de leurs représentants, en cet été 1789, ce qui donne ses chances à la cause des Juifs à l'Assemblée, c'est la force d'un principe et l'ardeur d'un député : les Droits de l'homme[2] et l'abbé Gré-

---

1. *Arch. Parl.*, IX, p. 242.

2. *Cf.* Clermont-Tonnerre, à l'Assemblée nationale, le 28 septembre 1789 : « Il était réservé à ce siècle de tolérance et de raison de voir un respectable ministre des autels élever sa voix dans cette tribune... en

goire[1]. Comment l'Assemblée pourrait-elle dorénavant refuser aux Juifs le bénéfice des droits qu'elle a proclamés appartenir à tous les hommes ? Et comment invoquer contre eux une foi et une pratique religieuses dont elle a affirmé pour chacun la totale liberté ? En votant la Déclaration, la majorité de l'Assemblée ne se souciait certes pas de l'émancipation des Juifs. Mais celle-ci est contenue dans la Déclaration. A ses partisans, la partie paraît alors gagnée, s'agissant « d'une cause dans laquelle on ne voit pas d'objections à combattre..., qui se réduit en un mot à prouver qu'il suffit d'être homme, et d'être un homme civilisé pour jouir du droit de citoyen[2] ».

Aussi l'impétueux Grégoire veut-il, sans plus attendre, obtenir de l'Assemblée le décret qui reconnaîtra à tous les Juifs les droits du citoyen. Le 1er septembre, cinq jours seulement après le vote de la Déclaration, à la séance du soir, alors que l'Assemblée est présidée par Clermont-Tonnerre, Grégoire intervient pour évoquer les menaces qui pèsent sur les Juifs d'Alsace et demander qu'une séance particulière soit réservée « pour y traiter de l'état des Juifs en France[3] ». L'Assemblée y consent. Mais le moment est politiquement mal venu. Des questions essentielles retiennent l'attention de l'Assemblée. Le jour même où l'abbé Grégoire demande qu'on décide sans tarder du sort

faveur des malheureux restes d'Israël... Je n'usurperai pas l'œuvre sainte qu'il s'est réservée ! » *Arch. Parl.*, IX, p. 201.

1. *Cf. La Déclaration des droits de l'homme et du citoyen*, présentée par S. Rials, « Pluriel », Hachette, 1988, pp. 236 à 246.

2. Clermont-Tonnerre, séance du 28 septembre 1789, *Arch. Parl.*, IX, p. 201.

3. *Arch. Parl.*, VIII, p. 542. *Cf. Journal des débats et des décrets*, n° 6, p. 3.

des Juifs, Mirabeau se déclare en faveur du *veto* du Roi, suscitant une émotion politique considérable. Aussi, le 3 septembre, à la séance du soir de l'Assemblée, quand sont évoquées les adresses des Juifs de l'Est et de Paris, elles sont aussitôt renvoyées pour étude à un comité de l'Assemblée[1]. Le 7 septembre, nouveau renvoi, dû à l'importance de l'ordre du jour : « On s'attendait, écrit le *Courrier français*, à voir discuter cette grande et importante question, et l'Assemblée était alors très nombreuse. Mais les deux décrets [sur les impositions]... ont entièrement occupé la séance, et la postérité d'Abraham n'a point été entendue[2]. »

Les partisans de l'émancipation ne peuvent se satisfaire de ces atermoiements. Les menaces contre les Juifs n'ont pas cessé. A Paris, le 15 septembre, un étrange pamphlet signé du nom de Martin, ex-consul d'Avignon, est mis en circulation, dénonçant « un noir complot ourdi par les Juifs dans la ville d'Avignon contre le vice-légat[3] ». Le faux est promptement démasqué. Mais l'intention est claire : il s'agit d'exciter les esprits contre les Juifs au moment où la question de leur émancipation est évoquée à l'Assemblée nationale.

---

1. Les députés de Strasbourg n'en sont pas moins pessimistes. Ils écrivent le 4 septembre à leurs mandants : « Nous sommes menacés d'un autre fléau. Les Juifs demandent un état civil dans toute la France, et l'affaire, qui devait être traitée hier, le sera infailliblement la semaine prochaine. L'Alsace se défendra mais nous ne répondons pas du succès... » Publié par R. Renso, *Revue d'Alsace*, 1879, p. 415.

2. *Courrier Français*, nº 66, du 9 septembre 1789, p. 326. *Cf.*, à propos de Grégoire : « L'honorable membre s'est déclaré l'avocat du peuple asiatique et depuis longtemps il sollicite une séance pour ses clients ». *Ibid.*

3. *Cf.* D. Feuerwerker, *op. cit.*, p. 303.

La tension en Alsace

Plus redoutable est la reprise de l'agitation antijuive dans l'Est. Accorder la plénitude des droits aux milliers de Juifs des provinces de l'Est, c'est faire naître la menace d'une concurrence pour les négociants et artisans à un moment où sévit la crise économique. Quant aux paysans, l'idée que les Juifs puissent librement acquérir des terres leur est plus odieuse encore. Débiteurs d'usuriers juifs qui se sont fait consentir des garanties hypothécaires par prête-noms, ils voient déjà leurs biens vendus et les Juifs s'y établir en maîtres. Les violences paysannes de l'été 1789 dans les campagnes alsaciennes, cette « Grande Peur » qui se polarise sur les Juifs autant que sur les nobles, se nourrissent de haine et de crainte : haine des Juifs usuriers, crainte de les voir s'emparer des terres. Si l'on brûle leurs misérables maisons comme on incendie les châteaux, c'est dans l'espérance que le feu détruira leurs titres de créances comme les titres de noblesse héréditaires.

Aussi la tension grandit-elle, alimentée par les rumeurs propagées par les ennemis des Juifs. A l'occasion du Rosch Haschana, le Nouvel An, célébré les 21 et 22 septembre 1789, des coups de feu sont tirés devant des synagogues, des maisons juives sont attaquées. L'inquiétude grandit dans la communauté d'Alsace. A l'approche du Kippour, les syndics David Sintzheim et Théodore Cerf-Berr demandent la protection de la force armée au maréchal de Rochambeau, commandant en chef en Alsace, qui les renvoie aux autorités civiles. Celles-ci invitent les troupes à assurer, le cas échéant, la protection des Juifs.

David Sintzheim et Théodore Cerf-Berr saisissent à nouveau l'Assemblée nationale. Ils évoquent la situation déplorable des Juifs, surtout ceux de Haute-Alsace : « On leur a tout enlevé et ils sont dans l'attente continuelle d'être exterminés[1]. » Le 28 septembre, l'Assemblée, dans sa séance du soir, évoque « l'affaire des Juifs de Metz *(sic)* qui demandent protection à l'Assemblée nationale[2] ». La séance est tardive, moins de deux cents députés sont présents. Clermont-Tonnerre rappelle les menaces qui pèsent sur eux : « Déjà, leurs maisons ont été pillées, leurs personnes exposées aux outrages et aux violences. La fête des expiations [Yom Kippour] qui approche, en les réunissant dans leurs synagogues, les offre sans défense à la haine populaire[3]. » Il appelle l'Assemblée à mettre leurs personnes et leurs biens sous la protection de la loi. L'abbé Grégoire soutient avec force la motion de Clermont-Tonnerre. L'Assemblée les suit et donne mandat à son président d'écrire à tous les officiers publics d'Alsace que les Juifs sont placés sous la sauvegarde de la loi. Elle réclame du Roi et du gouvernement des mesures de protection. La presse publie de larges extraits de la lettre du président Mounier aux autorités alsaciennes. Et le 29 septembre, le Roi fait savoir à l'Assemblée qu'il a pris les Juifs d'Alsace sous sa protection[4].

1. *Ibid.*, p. 305.
2. *Arch. Parl.*, t. IX, p. 200.
3. *Ibid.*
4. *Le Moniteur*, 28 septembre 1789. *Le Courrier de Versailles à Paris*, t. 4, n° LXXXVIII, p. 16 à 22. *Les Révolutions de Paris*, n° 12, 4

Les six députés juifs de l'Est rongent cependant leur frein. Le 4 octobre, lassés d'attendre, ils écrivent au président de l'Assemblée : « Notre existence n'a jamais été si orageuse ni si inquiétante qu'elle l'est depuis quelques mois. Les provinces que nous habitons nous voient depuis près de deux mois à la porte de l'Assemblée nationale, sanctuaire de la Justice, sans jamais obtenir d'audience. Elles n'imputent pas ce retard aux importants travaux dont l'Assemblée s'occupe[1], mais au mépris que l'on est accoutumé d'avoir pour les Juifs[2]... »

Audience leur est enfin donnée. Le 14 octobre au soir, alors que l'Assemblée nationale tient son avant-dernière séance à Versailles avant de s'établir dans la Salle du Manège à Paris, les représentants des Juifs des trois provinces de l'Est sont admis à la barre. Berr Isaac Berr prend la parole au nom de la délégation. Instant prodigieux : un Juif de Lorraine, entouré par cinq autres Juifs de l'Est, représentant les communautés les plus méprisées de France, s'adresse à l'Assemblée nationale, dans la salle des Menus Plaisirs où, cinq mois plus tôt, le Roi très chrétien, souverain absolu du royaume de France, ouvrait les États généraux !

La harangue de Berr Isaac Berr fut digne du moment. Croyant, il invoque d'abord le nom du

---

octobre 1789, p. 17. *Le Point du jour*, 30 septembre 1789, pp. 150-161. *Le Journal de Paris*, t. II, n° 271, p. 122.

1. Tout au long de septembre 1789, l'Assemblée nationale a été absorbée par les problèmes fondamentaux de la Constitution : la création d'une « Chambre haute », refusée le 10 septembre, le droit de veto suspensif, reconnu au Roi le 11 septembre, la forme monarchique du gouvernement, affirmée le 22 septembre.

2. *In* D. Feuerwerker, *op. cit.*, p. 311.

Seigneur : « C'est au nom de l'Éternel, auteur de toute justice et de toute vérité ; c'est au nom de ce Dieu qui, en donnant à chacun les mêmes droits, a prescrit à tous les mêmes devoirs... » Puis il évoque devant l'Assemblée « l'humanité outragée depuis tant de siècles par les traitements ignominieux qu'ont, dans presque toutes les contrées de la Terre, subis les malheureux descendants du plus ancien de tous les peuples... partout persécutés, partout avilis, et cependant toujours soumis, jamais rebelles. Objets chez tous les peuples d'indignation et de mépris, quand ils n'auraient dû l'être que de tolérance et de pitié[1]... » Rappelant l'adresse déposée le 31 août, Berr Isaac Berr conclut avec émotion : « Puissions-nous vous devoir une existence moins douloureuse que celle à laquelle nous sommes condamnés... Que les hommes nous regardent comme leurs frères..., qu'une réforme absolue s'opère dans les institutions auxquelles nous sommes ignominieusement asservis, et que cette réforme, jusqu'ici trop inutilement souhaitée, que nous sollicitons les larmes aux yeux, soit votre bienfait et votre ouvrage[2] ! »

Le président de séance, Fréteau de Saint-Just[3], de sensibilité « patriote », répond à ce discours chargé de souffrances et d'espérances par des paroles bienveillantes : « L'Assemblée prendra votre requête en considération et se trouvera heureuse de rappeler vos frères

1. *P.V.* de l'Assemblée, 14 octobre 1789 au soir, t. VI, n° 100, p. 5. *Arch. Parl.*, IX, p. 765.
2. *Ibid.*
3. 1738-1794. Conseiller au parlement de Paris. Député de la Noblesse de Melun. Soutint l'abolition des ordres religieux et la suppression de la Noblesse. Élu en 1791 juge au tribunal de Paris. Guillotiné le 14 juin 1794.

à la tranquillité et au bonheur...[1] » Mais l'abbé Grégoire ne pouvait se contenter de ces vagues assurances. Il intervient pour que l'Assemblée s'engage à décider de la citoyenneté des Juifs dans le cours de la session. Il demande que les représentants des Juifs soient invités à assister à la séance, comme toute députation. Malgré les protestations de quelques élus[2], les députés des Juifs de l'Est prennent alors place dans la salle des séances aux côtés des représentants de la Nation. Grandes âmes juives, quelle émotion a dû vous saisir à ce moment !

1. *Ibid.*

2. Selon *Le Courrier* de Gorsas (du 17 octobre 1789), « ce sont quelques membres du Clergé qui murmurèrent », t. IV, p. 243.

CHAPITRE V

Protestants, comédiens, bourreaux et Juifs

Naissance du débat

L'automne de 1789 est marqué par un débat essentiel. Le peuple étant dorénavant souverain, il lui appartient de désigner non seulement les députés à l'Assemblée législative, mais aussi les juges et les autorités administratives, municipales et départementales. L'élection devient ainsi l'acte politique par excellence. D'où ces questions clefs : qui sera électeur ? qui sera éligible ?

La majorité de l'Assemblée s'est ralliée à l'habile distinction proposée par Sieyès en juillet : tous les habitants d'un pays ont « droit à la protection de leur personne, de leur propriété, de leur liberté, etc. » Ils sont *citoyens passifs*. Mais « tous n'ont pas droit à prendre une part active dans la formation des pouvoirs publics ». Tous ne sont pas *citoyens actifs*[1]. La distinc-

1. Ainsi « les femmes, du moins dans l'état actuel, les enfants, les étrangers, ceux qui ne contribueraient en rien à soutenir l'établissement

tion permet de respecter formellement les Droits de l'homme et du citoyen, puisque tous sont déclarés tels ; mais aussi d'écarter habilement de la vie politique tous ceux que cette majorité considère comme incapables ou indignes. Reste à les définir.

Le 10 octobre s'ouvre la discussion. Parmi les cinq députés qui dénoncent le suffrage censitaire fondé sur l'argent proposé par le Comité de Constitution[1], trois d'entre eux — l'abbé Grégoire, Adrien Du Port[2] et Robespierre — vont jouer un rôle actif dans la bataille pour l'émancipation des Juifs[3]. Mais, tout au long du débat sur la qualité de citoyen actif, qui s'achève le 29 octobre par l'adoption du projet du Comité, à aucun moment il n'est fait mention de ceux-ci. La reconnaissance de la liberté de conscience par la Déclaration des droits de l'homme rend, il est vrai, impossible d'inscrire dans la Constitution un refus de

public, ne doivent pas influer activement sur la chose publique ». *Cf.* A. Aulard, *Histoire politique de la Révolution française.* Paris, 1901, p. 61.

1. Le Comité de Constitution proposa de réserver la qualité d'électeurs aux Français âgés d'au moins vingt-cinq ans, acquittant une contribution directe d'une valeur égale à trois journées de travail. Étaient exclus les femmes, les domestiques et ceux qui ne justifiaient pas être domiciliés dans le canton depuis un an.

2. 1759-1798. Avocat au parlement de Paris, fondateur de la Société des Trente en 1788, député de la Noblesse de Paris aux États généraux, patriote, joue un rôle important dans l'élaboration de l'organisation judiciaire. Avec Barnave et Alexandre de Lameth, constitue le Triumvirat dont l'influence va grandissant sous la Constituante. Fondateur du Club des Feuillants, se rapproche du Roi après Varennes. Fuyant Paris après le 10 Août, Du Port est arrêté, puis libéré grâce à Danton. Il émigre, revient en France après le 9 Thermidor, s'exile à nouveau après le 18 Fructidor et meurt en Suisse.

3. D'après Gorsas, Grégoire aurait dit que, pour être électeur ou éligible, « il ne faut être que bon citoyen, et avoir un jugement sain et un cœur français », *in* Aulard, *op. cit.*, p. 69.

la citoyenneté active fondé sur la religion. Les seuls critères d'exclusion retenus sont ceux du sexe, de l'âge, de la pauvreté ou de la domesticité. Ainsi la stratégie du silence prônée par les « Portugais » paraît avoir porté ses fruits : puisqu'on ne parle pas des Juifs, c'est qu'ils sont tenus pour des citoyens comme les autres. N'ont-ils pas d'ailleurs, eux, Juifs du Sud-Ouest, pris part aux élections aux États généraux ?

En octobre, l'abbé Grégoire publie une longue « Motion en faveur des Juifs, précédée d'une notice historique[1] ». Il y reprend les thèmes et les arguments de son *Essai sur la régénération des Juifs*. Il y expose les demandes des Juifs de l'Est formulées dans leur adresse du 31 août[2]. Il achève sa motion par les derniers mots de son *Essai* : « Qu'enfin le Juif, accordant au chrétien un retour de tendresse, embrasse en moi son concitoyen et son ami[3] ». La *Gazette de Paris* applaudit, le 16 novembre, à l'initiative de Grégoire : « Un prêtre de l'Évangile, un curé de l'Église romaine, devenu le défenseur des Juifs et portant leur cause au tribunal de l'Assemblée nationale... Qui jamais, même dans le XVIIIe siècle, aurait pu deviner qu'un tel hommage serait payé à la vérité, à la justice, aux droits de l'homme, et par qui[4] ... ? » C'est un autre prêtre

1. *Arch. Parl.*, IX, p. 764.

2. « Que l'Assemblée reconnaisse aux Juifs tous les droits et les devoirs des citoyens et qu'ils jouissent de la liberté du culte ; qu'elle supprime la taxe Brancas perçue à Metz ; qu'elle prenne des dispositions pour garantir le paiement de la dette contractée par la communauté de Metz ; enfin, qu'elle défende d'insulter les membres de la nation juive. » *Ibid.*

3. *Ibid.*

4. *La Gazette de Paris*. t. II, p. 29. *Cf. ibid.*, 15 novembre 1789, pp. 45 et 46, 16 novembre, pp. 49 et 50, 17 novembre, pp. 54 et 55.

catholique qui lui réplique : l'abbé Thiebaut, député de Metz[1]. Il reprend les arguments de Michælis dans sa polémique avec Dohm : la loi juive, par ses interdits, rend les Juifs incapables de remplir les obligations d'un citoyen ordinaire... Ils sont donc voués à demeurer des étrangers dans la cité[2]. Le débat sur l'émancipation s'annonce ardent. Mais l'attention de l'Assemblée est retenue par bien d'autres sujets.

Le 21 novembre, Charles Bouche[3], député d'Aix, intervient à l'Assemblée à propos « de la restitution du comtat Venaissin, des villes et État d'Avignon[4] ». Il traite du sort des Juifs « dont le nombre y est si considérable ». Il demande la suppression de toutes les taxes particulières pesant sur eux, celle des marques distinctives qui leur sont imposées, et propose de les autoriser à acquérir des biens-fonds. Il se déclare partisan de la reconnaissance de leurs droits de citoyens lorsque l'Assemblée le jugera bon. Ses propos en faveur de l'émancipation des Juifs expriment ainsi les réticences des populations locales à l'idée de leur reconnaître l'égalité entière de droits. Dans la capitale, un pamphlet anonyme dénonce un complot ourdi par les Juifs d'Avignon en vue d'assassiner les autorités religieuses de cette ville. L'émotion est vive, jusqu'au moment où le *Courrier de Versailles*, à Paris, prouve l'inanité de cette accusation calomnieuse. L'affaire est en tout cas significative du climat régnant.

1. 1749-1795, docteur en théologie, monarchiste convaincu, mourra dans l'émigration.

2. *Cf.* Liber, *op. cit.*, pp. 199 et 200.

3. 1737-1795. Avocat. Député du Tiers État d'Aix. Patriote modéré. Membre de la Société des amis de la Constitution, puis du Club des Feuillants. Après la Constituante, membre du Tribunal de cassation.

4. *Arch. Parl.*, X, p. 208.

La fin de l'année 1789 approche sans que l'Assemblée ait satisfait son engagement d'examiner la condition des Juifs. C'est presque incidemment que la question revient dans les débats.

En décembre, l'Assemblée prend des décisions essentielles : création des assignats, vente des biens du Clergé et du domaine royal, division du royaume en départements. Le 21, dans la séance du soir, Brunet de Latrigue, député de Nérac, demande à intervenir à propos des protestants. Il rappelle qu'ils sont nombreux en Guyenne. Dans certaines communes en majorité catholiques, on prétend leur interdire l'accès aux fonctions électives. Invoquant la Déclaration des droits de l'homme et la définition légale des citoyens « actifs », Brunet de Latrigue déclare : « Vous n'avez pas voulu, Messieurs, que les opinions religieuses fussent un titre d'exclusion pour d'autres[1]. » Il propose un décret déclarant « électeurs et éligibles, et capables de tous emplois, les non-catholiques comme les autres citoyens[2] ». Rœderer intervient pour demander la reconnaissance des mêmes droits au profit « d'une classe de citoyens qu'on repousse de tous les emplois de la société, qui a son intérêt et son importance : les comédiens[3] ... » Clermont-Tonnerre[4] reprend alors la

1. *Ibid.*
2. *Ibid.*
3. *Ibid.*
4. 1757-1792. Député de la Noblesse de Paris aux États généraux, admirateur de la monarchie constitutionnelle anglaise. A la tête de quarante-six députés de la Noblesse, rejoint le Tiers État, le 25 juin 1789. Après les journées d'octobre 1789, se rapproche des monarchiens. Crée en janvier 1790, avec Malouet, le Club des Impartiaux. Après Varennes, il publie une « Analyse de la Constitution » très critique. Il sera massacré par la foule le 10 août 1792.

motion de Brunet et propose un texte de portée générale : nul citoyen actif ne « pourra être écarté du tableau des éligibles ni exclu des emplois publics à raison de sa profession ou de son culte[1] ». C'est, sans le dire, reconnaître aux Juifs la pleine citoyenneté.

Rewbell, député de Colmar, patriote siégeant du côté gauche de l'Assemblée, mesure le piège. Il se lève et interpelle Clermont-Tonnerre, lui demandant si, parmi les citoyens actifs, il entend comprendre les Juifs. « Oui, s'exclame Clermont-Tonnerre, j'en conviens et je m'en fais gloire[2]. » Le tumulte s'empare aussitôt de l'Assemblée. Rewbell reprend la parole — son propos est brutal : « Je pense sur les Juifs comme les Juifs eux-mêmes. Ils ne se croient pas citoyens[3] ... » L'argument essentiel est lâché : n'accordons pas à ceux qui se veulent étrangers dans la Nation les mêmes droits qu'aux Français. Une discussion confuse s'engage : « Le parti patriote, raconte un journaliste, était impatient d'aller aux voix pour rendre justice aux

1. *Arch. Parl.*, X, p. 695.

2. *Le Courrier français*, n° 170, du 22 décembre 1789. « Si M. de Clermont-Tonnerre n'avait employé son talent qu'à proposer de pareils décrets, écrit Camille Desmoulins, sa réputation ne serait pas aujourd'hui si équivoque... Il ne faut jamais désespérer des hommes d'esprit. » *Révolutions de France et de Brabant*, n° 5, p. 204-205.

3. *Arch. Parl.*, X, p. 695. Selon le *Moniteur*, I, 116, Rewbell aurait dit que « les Juifs étaient au nombre de trois cent mille en cette province ». En Alsace, c'était plus de dix fois leur nombre. Le 5 janvier 1790, Rewbell écrit à Camille Desmoulins pour expliquer son attitude lors du débat des 21-24 décembre : « Voudriez-vous vous donner la peine de lire l'Adresse des Juifs de Metz, des Trois-Évêchés, d'Alsace et de Lorraine du 31 août dernier... Que pensez-vous d'individus qui veulent devenir Français et cependant conserver des administrateurs juifs, des notaires juifs, le tout exclusivement ; qui veulent avoir d'autres lois sur les successions, sur les tutelles, sur la majorité, etc., que les Français, leurs voisins... Vous voyez que ce n'est pas moi qui exclus les Juifs. Il s'excluent eux-mêmes »... In *Liber*, *op. cit.*, p. 193.

principes. Mais avec les tergiversations ordinaires de questions préalables et d'ajournements, on a gagné l'heure fatale qui a fait lever la séance[1]. » Le lendemain, Brissot s'indigne des propos de Rewbell dans *Le Patriote français* : « Il faut avoir du courage pour avancer des paradoxes aussi étrangers et aussi éloignés de la saine politique et de la philosophie[2]. » Rœderer regrette que Clermont-Tonnerre ait posé aussi clairement la question du sort des Juifs : « On sait que beaucoup de gens qui consentent à convenir d'une vérité quand on la laisse très générale et très vague, tremblent et frémissent lorsqu'on veut en tirer toutes les conséquences particulières. C'est ce qui est arrivé quand M. de Clermont-Tonnerre a révélé lui-même toute l'étendue du principe qu'il réclamait[3]. »

L'affrontement

Après quelques escarmouches à la séance du 22 décembre, la discussion au fond s'ouvre, le 23, « sur l'admission des non-catholiques à toutes les fonctions municipales et provinciales, et à tous les emplois civils et militaires comme tous les autres citoyens[4] ». Comme Rœderer a rappelé l'indignité qui pesait traditionnellement sur les comédiens, et que certains députés « monarchiens » avaient ironiquement évoqué, à propos de la motion de Clermont-Tonnerre, l'infamie qui frappait le bourreau, le débat s'élargit à leur cas. Et

1. *Le Patriote français*, 23 décembre 1789.
2. *Journal de Paris*, n° 358, 24 décembre 1789.
3. *Journal de Versailles*, n° 8, 26 décembre 1789.
4. *Arch. Parl.*, X, p. 754.

c'est ainsi que les orateurs traitèrent pêle-mêle, dans leurs interventions, des protestants, des comédiens, du bourreau et des Juifs, pour décider s'ils seraient éligibles et pourraient exercer toutes les fonctions publiques.

L'amalgame était pour le moins singulier : entre l'antique préjugé qui frappait quelques centaines de comédiens, dont certains étaient d'ailleurs les idoles du public, l'horreur qu'inspirait le bourreau, et le sort des Juifs qui, comme l'écrivait Brissot, « intéressait la philosophie, l'humanité, la justice, la patrie et la religion[1] »... et des dizaines de milliers d'êtres humains, il n'y avait pas de commune mesure. S'agissant des protestants qui se heurtaient dans les communes du Sud-Ouest à l'hostilité de certains catholiques fanatiques, nul dans l'Assemblée, même chez les plus irréductibles conservateurs, ne songeait sérieusement à soutenir qu'ils pouvaient être exclus d'un quelconque emploi public, deux ans après l'édit de tolérance de 1787 et quatre mois après la Déclaration des droits de l'homme. En vérité, leur évocation dans le débat, à la faveur de la motion de Brunet de Latrigue, servait la cause des Juifs, comme l'avait compris Clermont-Tonnerre. Car comment refuser aux uns le bénéfice de la liberté religieuse reconnue aux autres ? Et comment justifier, au regard de la Déclaration des droits de l'homme, que les Juifs pussent être exclus des droits que l'on reconnaissait aux protestants ?

C'est pourquoi Clermont-Tonnerre, intervenant le premier dans le débat, pose le problème en termes généraux, en fonction de la liberté religieuse : « Il n'y

1. *Le Patriote français*, 23 décembre 1789.

a pas de milieu possible : ou admettez une religion nationale..., et écartez de votre société les hommes qui professent un autre culte, et alors effacez l'article de la Déclaration des droits ; ou bien permettez à chacun d'avoir son opinion religieuse, et n'excluez pas des fonctions publiques ceux qui usent de cette permission. Voilà la justice, voilà la raison[1]. » L'argument était trop fort pour être combattu. Aussi les adversaires de l'émancipation des Juifs — l'abbé Maury, l'évêque de Nancy, La Fare, Hell ou le prince de Broglie — se gardèrent-ils d'évoquer le cas des protestants : la question était réglée, et c'eût été porter le débat sur le terrain où les défenseurs des Juifs voulaient le maintenir, celui des Droits de l'homme. Leurs adversaires — comme leurs partisans — savaient que le vrai problème était d'ordre politique : pouvait-on reconnaître aux Juifs tous les droits du citoyen, à égalité avec les chrétiens, alors qu'ils étaient odieux aux populations de l'Est parmi lesquelles ils vivaient — et étrangers au reste de la Nation, non seulement par leur religion, mais souvent par leur mode de vie ?

Clermont-Tonnerre a du talent. Il soutient sa motion, écrit le député de Bar-le-Duc Adrien Duquesnoy, patriote modéré et observateur attentif, « avec tout l'esprit qu'on lui connaît, toute l'adresse, toute l'assurance et la facilité qu'il sait mettre en usage, au besoin avec cet agréable charlatanisme qui lui est familier et ne sied guère qu'à lui[2] ». Il sait qu'il n'arrachera la décision des députés modérés que s'il

1. *Arch. Parl.*, X, p. 755.

2. *Le Journal d'Adrien Duquesnoy*, édition Robert de Crèvecœur, coll. de la Société d'histoire contemporaine, Picard, 1894, t. II, p. 209.

les convainc de l'impérieux devoir de ne point manquer aux Droits de l'homme tout juste proclamés. Mais il veut aussi que l'émancipation fasse disparaître tout ce qui marque la différence des Juifs, tout ce qui les constitue en une communauté distincte des autres — en un mot, tout ce qui fait d'eux une « nation ». C'est pourquoi il plaide pour la citoyenneté des Juifs, comme Lacretelle l'avait fait en 1775 pour les marchands de Thionville. Il rappelle les reproches adressés aux Juifs : « Ce peuple, dit-on, est insociable. Il lui est ordonné de prêter à usure. Il ne peut s'unir à nous ni par le mariage, ni par les liens de la fréquentation habituelle ; nos mets lui sont défendus ; nos tables lui sont interdites ; nos armées ne verront jamais des Juifs servir la Patrie[1]. » Clermont-Tonnerre réfute ces reproches, « soit injustes, soit spécieux ». « Éteignez les haines, s'écrie-t-il dans un moment d'éloquence, et ouvrez vos cœurs à la raison : cette usure justement blâmée est l'effet de nos propres lois. Des hommes qui ne possèdent que de l'argent ne peuvent faire valoir que de l'argent : voilà le mal. Qu'ils aient des terres et une patrie, et ils ne prêteront plus. Voilà le remède[2]. » Quant à l'insociabilité, elle disparaîtra d'elle-même sous l'effet de l'instruction et des usages nouveaux. « Et d'ailleurs, ajoute Clermont-Tonnerre pour dérider l'Assemblée : y a-t-il une loi qui m'oblige à manger du lièvre et à le manger avec vous[3] ? » Reste l'essentiel, le cœur du propos : les Juifs ont des juges et des lois à eux. Ces privilèges, Clermont-Tonnerre

1. *Arch. Parl.*, X, p. 765.
2. *Ibid.*
3. *Ibid.*

les rejette et livre le fond de sa pensée : « *Il faut refuser tout aux Juifs comme nation, et accorder tout aux Juifs comme individus.* Il faut qu'ils ne fassent dans l'État ni un corps politique ni un ordre. Il faut qu'ils soient individuellement citoyens[1]... »

C'est toute la doctrine de l'assimilation qui est exprimée là par Clermont-Tonnerre. Les défauts des Juifs viennent de l'injustice des chrétiens. Ceux-ci sont coupables, et non ceux-là. Qu'on donne aux Juifs l'égalité de droits et ils s'affranchiront, grâce aux Lumières, de leurs pratiques fanatiques ou détestables. Mais, en même temps, qu'on leur refuse toute institution communautaire et toute loi particulière. Les Juifs veulent être des citoyens ? Qu'ils le soient pleinement, comme les autres. Mais il ne saurait exister de droits particuliers ni d'institutions spécifiques pour une catégorie de citoyens. Tous doivent être égaux et identiques devant la loi. Que les Juifs soient donc *individuellement* citoyens. Il ne faut plus *d'imperium in imperio*, de nation juive dans la Nation française.

Clermont-Tonnerre retrouve la pensée de Malesherbes, mais la dépasse, car il veut pour les Juifs cette citoyenneté entière à laquelle, un an plus tôt, eux-mêmes n'auraient osé prétendre. La Révolution est passée par là. Mais, du coup, est rejeté par un de leurs plus éloquents défenseurs l'autre volet de leurs demandes : le maintien de leurs institutions communautaires, de leurs lois particulières, de leurs juridictions religieuses. Dans l'éloquence de Clermont-Ton-

1. *Ibid.*, souligné dans le texte.

nerre et son humanité à l'égard d'un peuple humilié[1] se révèle la volonté politique qui anime les partisans de l'émancipation : en terminer avec la question des Juifs en leur accordant l'égalité, mais en leur refusant toute spécificité — en les reconnaissant comme citoyens, mais non comme Juifs.

Au discours de Clermont-Tonnerre répond l'abbé Maury, le leader parlementaire de la droite monarchiste. La confrontation est politiquement d'autant plus saisissante que Clermont-Tonnerre, après les journées d'octobre, a rallié le camp des monarchiens. Il va fonder, avec Malouet, le Club des Impartiaux pour combattre l'influence croissante de la Société des amis de la Constitution, le futur Club des Jacobins où se retrouvent des députés comme Du Port et des personnalités comme Condorcet, partisans de l'émancipation.

L'abbé Maury, orateur brillant et habile, un des chefs des « Noirs », réplique à Clermont-Tonnerre non sur le terrain des Droits de l'homme, mais avec les arguments de l'antijudaïsme traditionnel. Les Juifs ne peuvent être des citoyens comme les autres : ils « ont traversé dix-sept siècles sans se mêler aux autres nations[2] ». Ils ne peuvent être des agriculteurs, parce qu'« ils préfèrent le trafic au labeur » et que « la loi qu'ils suivent ne leur laisse pas le temps de se livrer à l'agriculture. Outre le Sabbat, ils ont par année cinquante-six fêtes de plus que les chrétiens[3] ». Ils ne

1. *Cf.* Charles Du Bus, *Stanislas de Clermont-Tonnerre et l'échec de la Révolution monarchique*, librairie Félix Alcan, Paris, 1931, pp. 210 à 215.

2. *Arch. Parl.*, X, p. 757.

3. *Ibid.*

peuvent non plus être des artisans, ni des soldats, car le Sabbat les retiendra à l'écart du travail ou des combats. En vérité, « ils n'ont jamais fait que le commerce de l'argent ». Et Maury, pour convaincre la majorité de l'Assemblée, qui n'est guère au fait de la question, affirme : « Ils possèdent en Alsace 12 millions d'hypothèques sur les terres. Dans un mois, ils seraient propriétaires de la moitié de la province. Dans dix ans, ils l'auraient entièrement conquise, elle ne serait plus qu'une colonie juive[1] ... » Le chiffre avancé était très excessif. Mais son énormité même était nécessaire à l'évocation d'une province française, vieille terre catholique, menacée de passer entre les mains des Juifs. Le vieil antijudaïsme chrétien se nourrissait de tels fantasmes.

Reste, pour Maury, à tirer la conclusion politique de son propos : les Juifs ne peuvent jouir des droits du citoyen, parce que leurs lois leur interdisent d'en accomplir les devoirs. En vérité, ils ne sont pas français. Ils sont des étrangers en France : « Appeler des Juifs citoyens, ce serait comme si l'on disait que, sans lettres de naturalisation et sans cesser d'être anglais et danois, les Anglais et les Danois pourraient devenir français[2]. » Ainsi l'abbé Maury exclut les Juifs de la Nation en les déclarant nécessairement étrangers à elle. Par là, il annonçe le passage de l'antijudaïsme classique à l'antisémitisme moderne.

La presse patriote s'enflamma : « Malheureux Juifs, s'écrie Gorsas, restez à jamais étrangers à la Nation

1. *Ibid.*
2. *Ibid.*, *cf.* Maury : « Qu'ils soient donc protégés comme individus, et non comme Français, puisqu'ils ne peuvent être citoyens... »

dont vous évoquez la justice ! Écoutez votre arrêt : c'est l'abbé Maury qui le prononce[1]. » *Le Journal de Paris* de Rœderer est plus modéré dans la critique d'un « discours où l'éloquence se déploie avec d'autant plus d'abondance qu'elle est plus affranchie d'un raisonnement rigoureux[2] ». Tout en réfutant les arguments de Maury, il conclut : « Qu'arriverait-il s'ils étaient citoyens actifs et qu'ils ne voulussent ni se battre, ni travailler les jours de Sabbat ? On ne les ferait point entrer dans les armées ; on ne les élèverait jamais ni aux assemblées d'administration, ni à l'Assemblée législative ; ils resteraient à peu près tels qu'ils sont et nous aurions été justes envers eux. Ils ne perdraient rien, nous gagnerions beaucoup[3]. »

Du côté des patriotes, c'est Robespierre qui répond à Maury. Il est concis dans son propos. Il dénonce les mensonges : « On vous a dit sur les Juifs des choses infiniment exagérées et souvent contraires à l'histoire. » Il reprend l'argumentation de Clermont-Tonnerre et de Grégoire : « Comment peut-on leur opposer les persécutions dont ils ont été victimes chez les différents peuples ? Ce sont au contraire des crimes nationaux que nous devons expier en leur rendant les droits imprescriptibles de l'homme dont aucune puissance humaine ne pouvait les dépouiller... » La conclusion se veut, comme souvent chez Robespierre, à la fois morale et politique : « Rendons-les au bonheur, à la patrie, à la vertu, en leur rendant la dignité d'hommes et de citoyens ; songeons qu'il ne peut

1. *Le Courrier* de Gorsas, N° 14, 25 décembre 1789.
2. *Le Journal de Paris*, N° 359, 25 décembre 1789.
3. *Ibid.*

jamais être politique, quoi qu'on puisse dire, de condamner à l'avilissement et à l'oppression une multitude d'hommes qui vivent au milieu de nous[1]. » Commentaire du *Moniteur* : « Monsieur de Robespierre a défendu la motion de M. de Clermont-Tonnerre ; mais il a faiblement motivé son opinion[2]. »

Monseigneur de La Fare, évêque de Nancy, prend le relais de l'abbé Maury. Comme lui, il affirme que « les lois religieuses des Juifs les rendent étrangers à toutes les nations[3] ». Surtout, il invoque l'expérience de son diocèse : « Pour être juste, je dois dire que les Juifs ont rendu de grands services à la Lorraine, et surtout à la ville de Nancy[4] ... » Mais « le peuple les a en horreur[5] ... » Aussi, ajoute La Fare, « un décret qui donnerait aux Juifs les droits du citoyen pourrait allumer un grand incendie[6] ». La prudence commande donc de ne prendre aucune décision. Et l'évêque propose d'instituer un comité chargé de réviser toute la législation concernant les Juifs. C'était suggérer d'enterrer élégamment la question[7].

Plus que celle de Robespierre, l'intervention de La Fare était de nature à rallier les modérés. L'un avait

1. *Arch. Parl.*, *ibid.*
2. *Moniteur*, 26 décembre 1789, I, p. 124.
3. *Arch. Parl.*, *ibid.*
4. *Ibid.*
5. *Ibid.*
6. *Ibid.* Selon La Fare, « il y a quatre mois, on voulait à Nancy piller leurs maisons..., les uns prétendirent que les Juifs étaient accapareurs de blé, d'autres qu'ils s'étendaient trop, qu'ils achetaient les plus belles maisons — et que, bientôt, ils posséderaient toute la ville ».
7. « Des raisonnements communs, des idées triviales... — écrit Adrien Duquesnoy à propos de l'intervention de La Fare —, tant un homme de beaucoup d'esprit est au-dessous de lui quand il défend une mauvaise cause. » *Op. cit.*, p. 203.

évoqué les principes, l'autre la réalité. D'un côté les Droits de l'homme et leur impératif moral ; de l'autre, les faits : l'hostilité déclarée des populations de l'Est envers les Juifs. Pourquoi risquer de nouvelles émeutes dans les provinces de l'Est par une émancipation précipitée ? Et pourquoi perdre le soutien à la Révolution d'une population nombreuse pour accorder à quelques milliers de Juifs un statut de citoyens qu'eux-mêmes ne revendiquaient pas six mois plus tôt ? Les députés étaient assaillis de questions essentielles : combler le déficit, parachever la Constitution, organiser l'administration, créer une nouvelle justice, bref, faire naître la France nouvelle. Le statut politique des Juifs ne pouvait-il attendre ? Certes, l'humanité commandait de les protéger contre toute violence. Quant à leurs droits de citoyens, la prudence suggérait de ne rien décider...

Du Port, parlementaire habile, fin politique, sent qu'il faut reprendre l'initiative dans le débat. En ces derniers jours de 1789, ce patriote modéré jouit d'une influence politique grandissante au sein de l'Assemblée. Avec Barnave et Lameth, il a constitué le « Triumvirat » qui contrôle la Société des amis de la Constitution, le futur Club des Jacobins. Mirabeau, comme Sieyès, le déteste cordialement. Excellent juriste, homme de liberté et de principes, personnalité influente du Comité de législation, un des rédacteurs du nouveau Code pénal, Du Port, élu, comme Clermont-Tonnerre, par la Noblesse de Paris, est acquis à la cause de l'émancipation. Mesurant la difficulté où se trouvent à cet instant ses partisans, il jette son autorité dans la discussion. Il suggère qu'il ne puisse être opposé à aucun Français un motif d'exclusion qui n'ait été prononcé expressément par décret de l'Assemblée[1]. La motion était habile, car Du Port savait que l'Assemblée, auteur de la Déclaration des droits, ne prendrait jamais un décret excluant explicitement les Juifs de la citoyenneté.

Clermont-Tonnerre se rallie aussitôt à cette motion. Mais la procédure parlementaire a ses exigences. Brunet de Latrigue ayant maintenu sa propre motion, l'Assemblée doit se prononcer sur la question préalable : votera-t-on en premier sur le texte de Du Port ? Une réponse favorable implique son adoption ultérieure. L'instant est donc décisif. On passe au vote : « Deux épreuves par assis et debout donnent un résultat douteux. On va aux voix par appel nominal. La priorité est refusée à la rédaction de Monsieur Du Port à la majorité de 408 voix contre 403[2] ... »

Malgré ce résultat, la presse patriote demeure optimiste : « Il peut être étonnant, écrit un journaliste, que le clergé et les autres opposants aient obtenu de cinq voix seulement que la priorité pour cette motion ne fût pas accordée[3]. » Rœderer remarque : « Le faible écart était un indice bien incertain de la volonté générale de l'Assemblée[4]. » Brissot regrette « de n'avoir pas vu l'éloquent abbé Grégoire prendre la défense de ces infortunés qu'il a si bien vengés de sa plume ».

L'abbé Grégoire, en effet, après avoir largement répandu sa notice et sa motion en faveur des Juifs de

---

1. « M. Du Port, écrit le *Moniteur*, a parlé dans les mêmes principes que ceux que M. de Clermont-Tonnerre avait manifestés. Son discours a paru long... », *op. cit.*, I, p. 124.

2. *Arch. Parl.*, X, p. 738.

3. *Le Journal d'État et du citoyen*, de Keralio, n° XIII, 2e trimestre, 27 décembre 1789.

4. *Journal de Paris*, n° 359, 25 décembre 1789.

l'Est, n'était pas intervenu dans le débat. Ce silence, cette réserve si contraire à son tempérament, s'expliquent aisément par des considérations d'opportunité politique. Le 3 décembre, au cours d'une séance tumultueuse, il avait tenté, en vain, d'arracher à l'Assemblée la reconnaissance de la citoyenneté des mulâtres. Il venait de publier le 10 décembre son « *Mémoire en faveur des gens de couleur de Saint-Domingue*[1] ». Le Comité Massiac, centre du lobby colonial, était déchaîné contre lui. Dans ce climat de passion, et après son échec au profit des gens de couleur, mieux valait pour la cause des Juifs qu'il n'en fût pas l'avocat. Mais comment ne pas regretter, avec Brissot, que la voix chaleureuse de Grégoire ne se soit pas élevée à cet instant décisif pour dire à l'Assemblée la longue souffrance du peuple juif et son espérance que justice lui soit enfin rendue !

Les Juifs de Paris ont suivi le débat. Voyant l'échec de Du Port, le 22 décembre, mais aussi le bref écart de voix entre partisans et adversaires de l'émancipation, ils décident de plaider à nouveau leur cause auprès des députés et de l'opinion publique.

Dans la journée du 23 décembre, ils rédigent et font imprimer une « Nouvelle Adresse des Juifs à l'Assemblée nationale ». A propos du Sabbat, ils soulignent que les Juifs engagés dans la garde nationale ont quitté leurs occupations les plus chères « toutes les fois qu'il a fallu s'armer pour le salut public, le jour, la nuit, le jour même de notre fête[2] ». Ils

1. *Cf.* Y. Benot, *La Révolution française et la fin des colonies*, éditions La Découverte, Paris, 1988, p. 66.

2. « Nouvelle Adresse des Juifs à l'Assemblée nationale », 24 décembre 1789, p. 3. *In Adresses, mémoires...*, *op. cit.*

rappellent les arguments du « généreux et éloquent pasteur des environs de Metz », l'abbé Grégoire, « et d'autres membres également distingués[1] ». Ils interpellent les députés en évoquant « votre respect connu pour les Droits de l'homme, l'impossibilité où vous êtes de vous mettre en contradiction avec tous ces actes de sagesse et de justice qui sont émanés de vous[2] ... » Cette Adresse datée du 24 décembre fut-elle remise aux députés avant l'ouverture de la séance, à 10 heures du matin ? Elle témoigne en tout cas de la maturité et de l'activisme des Juifs de Paris dans cette bataille politique.

Il est urgent d'attendre...

Les députés de l'Est sentent la menace. Le lendemain 24 décembre, à la reprise du débat, ils décident d'intervenir en force. Hell, député de Haguenau, le plus ardent adversaire des Juifs, l'instigateur de l'affaire des fausses quittances, intervient en premier. Avec habileté, pour éviter à la majorité de l'Assemblée de se contredire, ce monarchiste ultraconservateur sacrifie à l'idéologie du jour : « Les Juifs sont hommes, ils doivent jouir des Droits de l'homme. » Mais c'est pour ajouter aussitôt : « Ils s'en rendront dignes si vous leur en décrétez l'espérance[3]. » Aux Juifs donc de mériter les Droits de l'homme ! On les y préparera par des mesures appropriées. « Plus il serait dangereux

1. *Ibid.*
2. *Ibid.*, p. 3.
3. *Arch. Parl.*, X, p. 778.

pour l'Alsace et les Juifs eux-mêmes de les déclarer dès à présent habiles à parvenir à toutes les places, plus l'Assemblée doit prendre de soins pour les y préparer[1]. »

Et Hell de présenter à l'Assemblée la série des propositions restrictives qu'il avait fait adopter en 1788 à l'encontre des Juifs par la commission intermédiaire d'Alsace[2]. En particulier, pour limiter la population juive, interdiction continuera d'être faite aux Juifs de se marier sans autorisation, celle-ci ne pouvant être accordée que si les ménages juifs établis dans une commune « n'excèdent pas le sixième des autres religions, et si le Juif exerce un métier et justifie être propriétaire d'au moins un arpent de terre ». Quant à la « prétendue », elle devra « coudre le linge, tricoter, filer le lin, le chanvre, le coton et la laine[3] ».

Sur cette vision idyllique de Juifs peu nombreux, régénérés par l'agriculture et l'artisanat, cultivant leurs champs auprès d'épouses filant à leur rouet, Hell conclut cette motion étonnante, quatre mois après l'adoption de la Déclaration des droits de l'homme, en ajoutant qu'ainsi sera rempli « le double but que vous vous proposez, d'extirper l'usure et de rendre également heureux tous les individus qui naissent et habitent dans l'empire français[4] ... »

---

1. *Ibid.*, p. 777.

2. Participation des Juifs aux impôts comme les autres citoyens, mais « en continuant à payer les droits de protection usités » ; disparition de toute organisation communautaire ; suppression de toute juridiction rabbinique ; interdiction de rédiger des actes autrement qu'en français ; possibilité d'acquérir des terres, mais à condition de les exploiter personnellement ; droit d'exercer tous les métiers, mais sans pouvoir vendre à crédit ni prêter de l'argent

3. *Ibid., Arch. Parl.*, X, p. 778.

4. *Ibid.*, p. 779. Il est piquant de constater que dans la même

Le prince Claude de Broglie lui succède à la tribune. Libéral modéré, il est plus proche des patriotes que des conservateurs, mais il est député de Colmar. En termes courtois, il marque d'abord que son propos ne vaut que pour les Juifs d'Alsace, et qu'il est « bien éloigné » de vouloir mettre obstacle aux bienfaits que l'Assemblée cherche à répandre « sur les individus de cette nation malheureuse[1] ». Suit l'argumentation classique : « Les Juifs sont des étrangers en France, une sorte d'habitants passagers ou plutôt de cosmopolites qui n'ont jamais joui, ni même jamais prétendu au titre de citoyens français, auxquels il pourrait être dangereux de l'accorder sans précaution... Même dans les plus petits villages, ils sont réunis en corps de nation ; et cette existence politique d'une nation dans une autre nation est certainement aussi dangereuse par ses conséquences qu'elle est antisociale par les principes[2]. » Que faire, face à l'accroissement prodigieux du nombre de Juifs en Alsace, passé de 10 000 à 26 000 en quinze ans, alors que « leur oisiveté, leur peu de délicatesse, suite nécessaire des lois et conditions humiliantes auxquelles ils sont assujettis dans beaucoup d'endroits, tout concourt à les rendre odieux[3] ? » Le prince de Broglie se veut à la fois humain et politique : il faut sans tarder ouvrir aux Juifs l'accès à tous les métiers et à l'agriculture. Après

intervention, Hell proposait « que tous les mahométans, notamment les sujets de l'empereur turc *(sic)*, jouiraient dans tout l'empire des Français de tous les droits, honneurs et avantages dont jouissent tous les citoyens français ». Qui, après cela, aurait pu lui dénier son attachement aux Droits de l'homme !

1. *Arch. Parl.*, X, p. 779.
2. *Ibid.*, p. 780.
3. *Ibid.*

un certain nombre d'années de « noviciat ou d'épreuve, on pourra admettre individuellement les Juifs, sur témoignage favorable des habitants de la commune, à prêter le serment civique qui leur ouvrira toutes les prérogatives des citoyens français ». D'autre part, il faut accorder un délai de dix ans au moins aux débiteurs des Juifs pour s'acquitter de leurs dettes. A ces conditions, on pourra prévenir l'explosion de violence qui menace les Juifs si on vient à leur donner les droits de citoyens[1].

Après le prince de Broglie, Rewbell, député du Tiers État de Colmar, qui siège à l'aile gauche de l'Assemblée, reprend le même thème : la haine contre les Juifs en Alsace est telle qu'il « serait imprudent, pour les Juifs eux-mêmes, de leur accorder, au moins quant au présent, les mêmes droits qu'aux autres citoyens[2] ».

L'Assemblée a entendu la voix concordante des députés de l'Alsace : ultraconservateur comme Hell, libéral comme le prince de Broglie, patriote engagé comme Rewbell, tous s'opposent à ce que la citoyenneté soit accordée aux Juifs. Mais l'Assemblée nationale peut-elle, pour des considérations locales, leur refuser la reconnaissance des Droits de l'homme ?

Barnave[3] intervient alors. Il siège parmi les patriotes.

1. Selon le *Moniteur*, 27 décembre 1789, « M. de Clermont-Tonnerre a appuyé la motion de M. le prince de Broglie », I, p. 128. C'eût été de sa part un très net recul par rapport à son discours de la veille. Les *Archives parlementaires* ne font aucune allusion à une telle intervention de Clermont-Tonnerre.

2. *Arch. Parl.*, X, p. 781.

3. 1761-1793. Avocat, député du Tiers État de Grenoble, constitue avec Du Port et Lameth le « Triumvirat ». Crée la Société des amis de la Constitution, futur Club des Jacobins qu'il quittera pour fonder le

Il est éloquent et son influence sur l'Assemblée va croissant. A ce stade des débats où la majorité demeure incertaine, son propos peut être décisif face à l'offensive des députés alsaciens. Il s'appuie d'abord sur la Déclaration des droits de l'homme, et soutient que nul citoyen ne peut en être exclu à raison de sa croyance (les Juifs) ou de sa profession (les comédiens). Mais, de ses prémisses, il ne tire pas la conclusion attendue. Barnave est un politique habile, qui se veut toujours réaliste. Sentant que la victoire, pour l'instant, échappe à ses amis partisans de l'émancipation, soucieux aussi de ne point heurter de front la majorité de l'Assemblée, il suggère qu'« elle ne doit se permettre d'énonciations particulières qu'en faveur des protestants[1] ». Cette habileté permet de gagner du temps en évitant de se prononcer expressément sur la citoyenneté des Juifs. La voie est ouverte à un vote temporisateur.

Successivement, De Barmal, évêque de Clermont, très conservateur et hostile aux Juifs, et Briois de Beaumetz, modéré, proposent de diviser les questions soumises à l'Assemblée et d'ajourner celle des Juifs. Beaumetz appuie sa demande d'un argument simple : l'Assemblée risque de donner aux Juifs des droits dont ils ne veulent pas. Il convient donc de mieux s'informer avant de décider[2].

L'Assemblée salue cette proposition, qui lui permet de sortir d'embarras, par de vifs applaudissements. La

---

Club des Feuillants. Après Varennes, il se rapproche de la cour et devient le défenseur de la monarchie. Arrêté après le 10 août 1792, il sera guillotiné le 29 novembre 1793.

1. *Arch. Parl.*, X, p. 781.

2. « Il faut, avant de prononcer pour ce peuple longtemps malheureux, savoir ce qu'il veut être, à quel prix il veut obtenir sa liberté, et enfin s'il est digne de la recevoir ». *Arch. Parl.*, *ibid.*

partie paraît jouée. C'est alors que Mirabeau monte à la tribune.

Singulièrement, le plus grand orateur de l'Assemblée, le tribun qui, mieux que tout autre, est capable d'arracher aux hésitants leur vote, aux pusillanimes une décision courageuse, n'est pas intervenu jusqu'alors dans le débat. Pourtant, il a diffusé en France les thèses de Mendelssohn et soutenu la cause de l'émancipation des Juifs[1]. Pourquoi, dès lors, cette réserve, alors que la question est débattue à l'Assemblée et qu'il peut jeter le poids formidable de son génie oratoire en faveur des Juifs ? C'est que, profond politique et parlementaire exceptionnel, il mesure, comme Barnave, qu'après la charge des députés d'Alsace, la majorité de l'Assemblée, sans doute attachée à la Déclaration des droits de l'homme qu'elle a proclamée en août, mais indifférente au sort des Juifs, va décider qu'il n'y a pas lieu de prononcer sur leur citoyenneté. Or, rien n'est pire, pour un tribun parlementaire, que de s'engager à fond dans un débat et d'être désavoué par la majorité. La prudence politique et l'intérêt personnel de Mirabeau, dont le crédit a déjà baissé auprès des patriotes lors de la discussion du *veto* accordé au Roi, lui commandent la réserve. Mais le grand orateur ne peut accepter les propos de

1. Son journal, *Le Courrier de Provence*, *(Cf.* nº 83, des 23 et 24 décembre 1789), exprime fermement la doctrine de l'émancipation : « Tous les hommes ont une patrie ; cette patrie est le lieu de leur naissance et de leur éducation. Les Juifs nés en France de parents établis en France sont donc français ; ce sont nos compatriotes, nos concitoyens. Veulent-ils jouir de tous les droits de citoyens ? Il faut qu'ils se soumettent à toutes les lois politiques et civiles du royaume. Se soumettent-ils à toutes les lois de l'État ? On ne peut leur refuser l'exercice de tous les droits nationaux. Qu'importe la diversité du culte. »

Briois de Beaumetz, selon lequel les Juifs ne voudraient peut-être pas des droits que l'Assemblée pourrait leur accorder. Il réagit donc : « Eh bien, Messieurs, serait-ce parce que les Juifs ne voudraient pas être citoyens que vous ne les déclareriez pas citoyens ? Dans un gouvernement comme celui que vous élevez, il faut que tous les hommes soient des hommes[1]. » Au demeurant, ajoute-t-il, telle n'est pas la position des Juifs : et il lit à l'Assemblée la motion des Juifs de l'Est demandant à être reconnus comme citoyens. Mais Mirabeau préfère ne pas s'engager plus avant et rallie la majorité qui se dessine : « Je conclus qu'il faut ajourner la question sur les Juifs, parce qu'elle n'est pas assez éclaircie, mais je n'en ai pas moins cherché à détruire les impressions que le préopinant aurait pu faire sur ce peuple, moins coupable qu'infortuné[2]. »

Enfin on passe au vote. « Après beaucoup de débats, de réclamations, de clameurs[3] », l'Assemblée décrète que « les non-catholiques pourront être électeurs et éligibles aux conditions fixées, qu'ils sont capables de tous emplois civils et militaires, comme tous les autres citoyens..., sans rien préjuger relativement aux Juifs sur l'état desquels l'Assemblée nationale se réserve de se prononcer[4] ». Après la lecture du décret, écrit un témoin, « les cris de "Vive la Nation !" ont retenti

1. *Arch. Parl.*, p. 781.
2. *Ibid.*, p. 782, et le journal de Mirabeau, *Le Courrier de Provence*, n° 83, p. 18.
3. *Le Moniteur*, I, p. 128.
4. *Arch. Parl.*, X, p. 781.

dans tous les coins de la salle, les galeries ont mêlé leurs applaudissements à ceux de la salle[1] ».

Parce que le décret a été adopté « contre le vœu du Clergé[2] », la presse patriote entérine volontiers la dérobade de l'Assemblée. *La Gazette de Paris*, rédigée par Du Rozoy, écrit : « Il y a peu de questions aussi délicates... La loi de Moïse a tellement lié la politique à la religion qu'il est presque impossible que le Juif soit citoyen français, à moins qu'il ne renonce en grande partie au principe de la loi[3]. » Brissot, dans *Le Patriote Français*, approuve l'Assemblée : « Cette idée d'ajournement était raisonnable, puisque, sans exclure les Juifs, il préparait les esprits à les voir un jour éligibles ; il laissait le temps aux préjugés de se dissiper, aux passions le temps de se calmer, et aux Juifs celui de se rendre dignes des droits des citoyens en abjurant ce système d'isolement et d'intolérance qui leur est particulier[4]. » Rœderer, après avoir combattu les arguments de l'abbé Maury, écrit à propos du décret d'ajournement : « Un motif de prudence et d'humanité a sans doute dicté la restriction faite pour les Juifs ; espérons qu'elle disparaîtra bientôt... C'est le seul moyen de régénérer cette peuplade errante et persécutée[5]. » *Le Courrier de Provence*, journal de Mirabeau, approuve sa démarche : « Le premier devoir sans doute est d'être juste ; mais, dans un objet de cette importance, on ne peut détacher la justice de la

1. Journal d'Adrien Duquesnoy, *op. cit.*, p. 208.
2. *Ibid.*
3. *Le Journal général de la Cour et de la Ville*, n° 99. *Cf.* A. Duquesnoy, relatant la séance, qui conclut : « Il n'est pas de manœuvres, de chicanes, de subtilités que le haut clergé n'ait faites aujourd'hui ». *Op. cit.*, p. 207.
4. *La Gazette de Paris*, 25 décembre 1789.
5. *Journal de Paris*, 26 décembre 1789.

circonspection et de la mesure[1]. » Quant à Marat, c'est tout le débat qu'il juge inutile : « Je n'ai pas la force, écrit-il, de faire aucune observation sur les objets puérils dont l'Assemblée nationale s'occupe en ce moment... ». De façon significative, il applaudit l'abbé Maury : « Ce qu'il a jamais dit de plus profond est son discours de récusation contre les Juifs... ». Il conclut cependant, presque à regret, en faveur de leur citoyenneté : « Bien qu'il y ait peu d'apparence de les voir s'adonner aux divers emplois de la société, ce n'est pas là un titre pour les exclure[2]. » Camille Desmoulins, lui, préfère l'ironie : « Ne serait-ce pas le comble de l'absurdité s'il fallait encore justifier d'un prépuce pour être éligible[3] ? »

En vérité, politiquement, c'était une défaite pour les Juifs. Sans doute l'Assemblée n'avait-elle pas rejeté leurs demandes. Mais, quelques mois seulement après avoir proclamé la Déclaration des droits de l'homme, elle se dérobait à en reconnaître le bénéfice entier aux Juifs, comme aux hommes de couleur. La force des préjugés demeurait plus grande que celle des principes. La Bastille de l'antijudaïsme était encore debout, enracinée dans l'hostilité traditionnelle de l'Église et la représentation collective du Juif trafiquant et usurier, irréductiblement étranger à la société chrétienne.

1. *Le Courrier de Provence*, n° 83, p. 18.
2. *L'Ami du peuple*, 25 décembre 1789.
3. *Cf. Révolutions de France et de Brabant*, n° 5, p. 204.

CHAPITRE VI

Chacun pour soi

La délégation des Bordelais à Paris

Le décret du 24 décembre 1789 fut ressenti par les Juifs du Sud-Ouest comme un désastre. Ils avaient jusque-là atteint tous les objectifs qu'ils poursuivaient depuis un an : participer aux élections, être reconnus éligibles, être accueillis dans la garde nationale et y compter plusieurs officiers élus, être admis dans les clubs, bref, être traités à tous égards comme des citoyens à part entière... Et voici que par la stratégie absurde des Juifs de l'Est, tous les Juifs de France, « Portugais » compris, se trouvaient sans statut déterminé. Comme si eux, Juifs du Sud-Ouest, n'étaient pas déjà reconnus citoyens par tous ! Non seulement les Juifs de l'Est n'avaient pas obtenu satisfaction, mais ils les avaient entraînés dans leur défaite, précipités dans ce qui constituait pour eux une véritable régression. Voilà où les avaient conduits ces fanatiques et faméliques ashkénazes, leurs leaders Cerf-Berr et Berr Isaac Berr, leurs défenseurs, cet abbé activiste et exalté et ces aristocrates de Paris qui ne connaissaient les Juifs que par les livres ! Six mois après le début de la Révolution, ils se retrouvaient dans une situation plus précaire qu'en 1788, lorsqu'ils rencontraient Malesherbes pour l'informer de leur condition.

Sans tarder, une assemblée générale des Juifs de Bordeaux se réunit le 30 décembre sous la présidence du syndic, Dias Pereyra. Une adresse est rédigée, qui exprime brutalement leur mécontentement envers leurs coreligionnaires de l'Est. Ils rappellent d'abord qu'« en notre qualité de Juifs regnicoles à Bordeaux, nous avons joui sans trouble, dans cette ville et dans tout le ressort de Paris, des droits de citoyens... Nous osons croire que notre état en France ne se trouverait pas aujourd'hui soumis à la discussion si certains des Juifs d'Alsace, de Lorraine et des Trois-Évêchés n'eussent fait naître une confusion d'idées qui paraît nous envelopper[1] ... » Allant plus loin, ils critiquent l'aspiration de ces derniers « à vivre en France sous un régime particulier, à avoir des lois qui leur fussent propres et à constituer une classe de citoyens séparés de tous les autres[2] ». Et ils concluent : « Les demandes peu réfléchies de quelques Juifs d'Alsace, qui d'ailleurs ne jouissent de presque aucun des avantages dont nous sommes en possession, seraient-elles donc capables de nous faire priver de nos droits ? Car à notre égard, *il s'agit moins d'acquérir que de ne pas perdre*[3]. »

On ne peut être plus désagréable ni marquer plus nettement la différence — l'abîme — existant, selon les Bordelais, entre les « Tudesques » et eux. L'adresse

1. Adresse à l'Assemblée nationale, 31 décembre 1789. In *Adresses, mémoires et pétitions des Juifs, op. cit.*
2. *Ibid.*, p. 2.
3. *Ibid.*, p. 4. Souligné par nous.

est signée par le syndic, ses adjoints et 215 chefs de famille. On décide de dépêcher à Paris une délégation extraordinaire auprès de l'Assemblée nationale[1]. Huit députés sont choisis. Parmi eux, Gradis l'aîné, Lopes Dubec, Abraham Rodrigues et Furtado l'aîné[2] qui ont déjà fait le voyage de Paris, dix-huit mois plus tôt, pour convaincre Malesherbes.

Dès le lendemain, trois députés partent pour la capitale. Ils courent la poste. Le temps d'une halte à Poitiers pour respecter le Sabbat, et le 4 janvier au matin, ils arrivent à Paris et s'installent à l'hôtel de la Chine, rue Neuve-des-Petits-Champs. Ils se mettent aussitôt à l'œuvre. Grâce au *Journal de la députation*[3], heureusement conservé, on peut suivre jour après jour, et presque heure par heure, la campagne qu'ils vont mener à Paris, illustration singulière du démarchage politique sous la Constituante.

Dès le premier jour, ils rencontrent leurs collègues, les députés des Juifs de l'Est, qui logent chez Cerf-Berr. « Ils paraissent pleins de confiance d'être admis au rang de citoyens », écrivent les députés de Bordeaux[4]. Au cours d'une seconde entrevue, le lendemain, les Juifs de l'Est dévoilent leur pensée. « Ils ont avoué que si on leur accordait les droits de citoyens pour pouvoir acquérir des immeubles, les vendre et en disposer à leur volonté, avec la faculté d'exercer tous commerces, arts et métiers, ils seraient satisfaits,

1. S. Szajkowski, « La délégation des Juifs de Bordeaux à la Commission Malesherbes (1788) et à l'Assemblée nationale (1789) », *op. cit.*, p. 64.

2. Celui-ci refusera la mission.

3. Arch dép. de la Gironde, « Registre et répertoire des délibérations de la nation juive », 1790, n° 4.

4. *Journal de la députation*, *op. cit.*, p. 66.

n'ambitionnant pas cette extension de droits de citoyens qui les rendraient capables, électeurs et éligibles dans les places d'administration, emplois civils et militaires[1]. »

La position des Bordelais est différente. Ce qui leur importe, c'est moins l'émancipation de tous les Juifs que la confirmation qu'ils sont, eux, des citoyens. « Car les droits et la possession d'état des Juifs de Bordeaux sont des titres qu'aucune considération ne peut ni ne doit nous faire abandonner [2]. » Ils feront donc bande à part. On se sépare en se promettant de se communiquer ses mémoires respectifs et de rester en relation. Mais, désormais, c'est chacun pour soi, et Jehovah pour tous.

Du 6 au 28 janvier, les députés juifs de Bordeaux, au nombre de sept à présent, vont courir la ville, rencontrer tous ceux qui peuvent servir leur cause, mobiliser toutes les amitiés, rechercher tous les appuis. Chaque jour les voit, du lever au souper, fréquenter l'Assemblée, visiter des députés influents, se rendre dans les clubs. Leur journal nous apprend quels sont leurs plus ardents défenseurs. L'abbé Grégoire, qu'ils visitent « en premier », leur fait l'accueil le plus fraternel : « Il nous a embrassés en nous assurant que nous pouvions toujours compter sur lui[3] ». Mais les Bordelais savent que l'abbé, s'il est l'avocat de la cause des Juifs, est d'abord celui des Juifs misérables de l'Est. Ils sollicitent donc d'autres concours : Garat-aîné[4], le vicomte de Noailles[5], Thouret[6] les accueillent

1. *Ibid.*
2. *Ibid.*
3. *Ibid.*
4. 1749-1833. Avocat, écrivain. Ami des Encyclopédistes. Député du

avec faveur. Ils rencontrent aussi le marquis de La Fayette qui les reçoit « avec les expressions de la plus grande bonté et qui se déclare très satisfait du zèle avec lequel les Juifs de Paris s'étaient montrés dans la Révolution[1] ». Ils visitent Rœderer, qu'ils ont connu lors de la Commission Malesherbes, et Clermont-Tonnerre, qui leur suggère « que nous ne demandassions provisoirement que d'être maintenus dans les privilèges dont nous jouissions[2] ». Barnave leur paraît « bien prévenu en notre faveur[3] ». Alexandre de Lameth plaide leur cause au « Comité des amis de la Constitution dans un moment où il s'y trouvait plus de trois cents députés[4] ». Singulièrement, c'est en vain qu'ils se présentent à plusieurs reprises chez Mirabeau, en son hôtel, rue de la Chaussée-d'Antin : ils ne réussissent jamais à le trouver chez lui, pas plus que l'abbé Sieyès...

A les suivre dans leurs rendez-vous, il apparaît clairement que c'est bien chez les députés patriotes

---

Tiers État aux États généraux, patriote modéré. Ministre de la Justice le 9 octobre 1792, puis ministre de l'Intérieur jusqu'au 19 août 1793. Ambassadeur à Naples, puis élu du Conseil des Anciens en 1798. Rallié à Bonaparte, sera fait comte et académicien. Après la Restauration, il sera exclu de l'Institut.

1. 1756-1804. Beau-frère de La Fayette, combattant à la guerre d'Indépendance. Député de la Noblesse aux États généraux, libéral, il propose le 4 août 1789 l'abolition des privilèges et droits féodaux. Après la Constituante, il réintègre l'armée, démissionne le 27 mai 1791, émigre. En 1802, il se met au service de Rochambeau à Saint-Domingue, combat les Anglais dans les Caraïbes et meurt de ses blessures.

2. 1746-1794. Avocat, député du Tiers État, patriote modéré de Rouen, joua un grand rôle au début de la Révolution. Nommé au Tribunal de Cassation, guillotiné sous la Terreur.

3. *Ibid.*, p. 73.

4. *Ibid.*, p. 70

5. *Ibid.*, p. 74.

6. *Ibid.*

qu'ils comptent leurs partisans[1]. Le ministère leur est également favorable ; en particulier le garde des Sceaux, Champion de Cicé, qui n'est autre que l'archevêque de Bordeaux, les assure de son entier concours et intervient en leur faveur auprès de Target, alors président de l'Assemblée. Le 26 février, enfin, le dispositif parlementaire paraît prêt. Du côté du Comité de Constitution, Talleyrand, qui doit présenter le rapport, s'est déclaré favorable. Un mémoire a été rédigé, conformément aux instructions des syndics de Bordeaux : « Notre affaire est au moment d'être décidée », écrivent nos députés[2].

Reste à s'assurer des dispositions des Juifs de l'Est. Leurs représentants sont conscients du jeu personnel des Bordelais : « On nous a assuré qu'ils étaient de mauvaise humeur depuis qu'ils ont vu notre mémoire imprimé... Ils ne tarderont pas à faire imprimer le leur, mais, d'après toutes les objections qu'on ne cesse de faire sur les Juifs d'Alsace, il y a grande chance que la question à leur égard sera de nouveau ajournée.[3] » Mais peu importe à ce moment aux Bordelais le sort des Juifs de l'Est ! Par contre, ils entretiennent avec les Juifs de la région de Bayonne des liens étroits. Leur représentant à Paris, l'actif David Silveyra, a multiplié les démarches et déposé lui aussi une adresse pour « les Juifs espagnols et portugais établis au Bourg-Saint-Esprit ». Les arguments qu'il y développe

1. Clermont-Tonnerre, s'il reste fidèle à la cause des Juifs, a rallié les monarchiens et fondé avec Malouet le Club des Impartiaux, adversaires des patriotes.
2. *Ibid.*, p. 76.
3. *Ibid.*, p. 77.

sont identiques à ceux des Juifs de Bordeaux[1]. Il défend également les intérêts des « Portugais » établis à Marseille, à Lyon, à Paris. Ainsi se crée une alliance, un bloc des sépharades du Midi face aux ashkénazes de l'Est.

Ceux-ci ont compris la stratégie de leurs coreligionnaires du Sud-Ouest. Ils les savent prêts à souligner toutes les différences existant entre eux, afin d'obtenir une décision particulière. Eux-mêmes, au contraire, pensent que leur meilleure chance de l'emporter est que l'Assemblée décide de la citoyenneté de *tous* les Juifs, sans distinction entre eux. Ainsi, non seulement les intérêts ne coïncident plus, mais les stratégies s'opposent. On conçoit qu'au dîner chez Cerf-Berr, le 26 janvier, où les députés des deux groupes se retrouvent avec Grégoire, Rœderer, Thiery et Godard, l'atmosphère soit glaciale : « Nous nous sommes tenus avec ces Messieurs, et eux avec nous, avec beaucoup de réserve, écrivent les Bordelais. Mais nous avons su indirectement qu'ils faisaient solliciter le retard de la décision de notre affaire afin de pouvoir remettre leur mémoire qui, à ce qu'on nous a dit, ne sera fini d'imprimer que dans deux ou trois jours[2]. »

Raison de plus pour précipiter le cours des choses. Le 27 au matin, les Bordelais sont chez Talleyrand qui leur fait connaître ses vues favorables et leur lit son rapport. Il ne leur dissimule pas « que les Juifs

1. *Cf.* Silveyra : « Le sort des Juifs "portugais", qui jouissent depuis 1550 du droit de cité, qui payent des impôts comme tous leurs concitoyens, qui ont concouru à l'élection des députés aux États généraux, ne peut être confondu avec celui des Juifs de l'Est », *in* « Adresse présentée à l'Assemblée nationale par le député des Juifs portugais et espagnols », in *Mémoires, adresses...*, *op. cit.*

2. *Journal*, *op. cit.*, p. 78.

d'Alsace le faisaient solliciter de ne pas faire le rapport qu'il n'ait lu leur mémoire », mais « que ce n'était pas là son intention[1] ». Le soir, trois membres de la délégation bordelaise vont aux Jacobins. Ils sont présentés au Club par l'abbé Grégoire. Lopes Dubec fait lecture du mémoire des Juifs de Bordeaux. Des intervenants soutiennent leurs demandes. Seul l'avocat Thiery, défenseur attitré des Juifs de l'Est, intervient en leur faveur pour soutenir que « si la qualité de citoyens actifs leur était refusée, il fallait également la refuser aux Juifs portugais ou ajourner de nouveau la question[2] ». Le Chapelier[3], qui préside, s'oppose à cette vue : l'Assemblée doit reconnaître qu'elle ne peut priver les Juifs de Bordeaux de leur citoyenneté, et « ajourner seulement la question pour ceux d'Alsace[4] ». La discussion s'achève sur cette intervention.

Le lendemain, 28 janvier, est le grand jour pour les Bordelais. Le matin, ils se rendent chez M. Necker qui leur fait « le plus gracieux accueil ». L'après-midi, à deux heures, la discussion doit commencer à l'Assemblée sur le rapport de Talleyrand. La délégation peut être optimiste : elle a su préparer le débat et sait que les Juifs de Bordeaux sont « bien distingués dans l'opinion publique[5] », selon le mot de Necker.

1. *Ibid.*
2. *Ibid.*
3. 1754-1794. Avocat, député du Tiers État de Rennes, préside la séance du 4 août 1789. Auteur de la loi du 14 juin 1791 interdisant les coalitions professionnelles. Fondateur du Club breton, qui deviendra le Club des Jacobins, il le quitte pour rejoindre le Club des Feuillants. Suspect, il est guillotiné le 22 avril 1794.
4. *Ibid.*
5. *Ibid.*

Du côté des Juifs de l'Est

Entre-temps, les députés des Juifs de l'Est ne sont pas demeurés inactifs. Ils mesurent le discrédit qui les accable : usuriers et fanatiques, telle est leur image. Il leur paraît donc nécessaire de plaider leur cause devant l'opinion avant que l'Assemblée ne s'en saisisse. Dès les premiers jours de janvier, ils font publier les « Réflexions impartiales d'un citoyen sur la question de l'éligibilité des Juifs[1] ». Cette brochure a été commandée à Thiery par Berr Isaac Berr[2]. Thiery y avance la proposition que les Juifs de l'Est renoncent à l'éligibilité « jusqu'à ce que, par leurs travaux et leurs efforts, ils s'en soient montrés dignes, et jusqu'à ce que le peuple se soit habitué à cette idée[3] ». Berr Isaac Berr, de son côté, publie le 10 janvier une lettre à l'abbé Maury[4]. Il y combat l'assertion selon laquelle les lois religieuses des Juifs leur interdiraient d'accomplir leurs devoirs de citoyens et de participer comme les autres à la vie de la cité. Il donne en exemple

1. « Réflexions impartiales d'un citoyen sur la question de l'éligibilité des Juifs, présentée et discutée dans les séances de l'Assemblée nationale des 23 et 24 décembre, et ajournée par la même assemblée », in *Lettres, mémoires...*, *op. cit.*

2. *Journal de la députation de Bordeaux*, *op. cit.*, p. 65. On y retrouve les arguments du mémoire de Thiery au concours de Metz : « Les Juifs sont ce que nous les avons faits... Pourquoi, dès lors qu'ils sont des hommes, ne jouiraient-ils pas des droits de l'homme ? », *in* « Réflexions impartiales », *op. cit.*, p. 10.

3. *Ibid.*

4. « Lettre de Berr Isaac Berr à M. l'abbé Maury, député à l'Assemblée nationale constituante », Paris, 1790. *Cf.* D. Feuerwerker, *op. cit.*, pp. 330-331.

l'empereur Joseph II, qui a ouvert aux Juifs l'accès à toutes les activités en Autriche.

Surtout, les députés des Juifs de l'Est ont entrepris l'élaboration d'un long mémoire pour réfuter tous les arguments développés contre eux à l'Assemblée nationale. Ils ont associé à leur entreprise Jacques Godard, jeune avocat établi rue des Blancs-Manteaux, à Paris, dans le district où vivent la plupart des Juifs de l'Est. Malheureusement, l'ouvrage n'est pas encore imprimé le 26 janvier. Parvint-il à l'Assemblée avant l'ouverture du débat, le 28, comme son intitulé l'affirme[1] ? La lettre d'envoi, signée des députés des Juifs de l'Est, adressée au président de l'Assemblée nationale, révèle en tout cas la démarche politique de ses auteurs : « Nous sommes instruits qu'une adresse des Juifs de Bordeaux vient d'être présentée à l'Assemblée nationale... Elle nous a déterminés à précipiter le mémoire que nous avons l'honneur de vous adresser, afin que notre sort puisse être décidé en même temps que celui de nos frères de Bordeaux[2]. » Après avoir souligné que leurs demandes principales sont identiques, « à l'exception que ce qu'ils [les « Portugais »] demandent à conserver, nous demandons à le conquérir », les députés des Juifs de l'Est concluent : « Nous pensons donc que l'Assemblée nationale ne jugera pas l'une sans l'autre, parce qu'il ne nous paraît pas qu'elle puisse avoir des motifs pour les séparer[3]. »

En fait, il était trop tard pour que cette démarche

1. « Pétition des Juifs établis en France, adressée à l'Assemblée nationale le 28 janvier 1790, sur l'ajournement du 24 décembre 1789 », in *Adresses, mémoires...*, *op. cit.*

2. *Ibid.*

3. *Ibid.*

pût exercer une influence quelconque sur le cours du débat. La pétition des Juifs de l'Est comptait plus de cent pages : comment espérer qu'elle fût lue par des députés prenant séance ? Et que pouvait une plaidoirie, même brillante, face à la campagne menée avec ténacité et habileté par les délégués de Bordeaux auprès des députés les plus influents du parti patriote, et jusque dans la Société des amis de la Constitution ? Quand, le 28 janvier au matin, la séance commence à l'Assemblée, tout concourt à assurer le succès de l'entreprise égoïste des Juifs du Sud-Ouest.

La victoire des Bordelais

Talleyrand ouvre le débat au nom du Comité de Constitution. Son argumentation est simple : les Juifs du Sud-Ouest jouissent depuis plus de deux siècles de tous les droits des regnicoles ; ils payent les mêmes impôts que les autres Français, ils ont participé aux assemblées électorales, enfin « ils servent en ce moment dans les milices nationales, y occupent des grades, et en remplissent les fonctions sans distinction d'aucun jour de la semaine[1] ». C'est la réponse à l'argument de l'abbé Maury prétendant que les Juifs ne sauraient remplir leurs devoirs militaires le jour du Sabbat. Ainsi conclut Talleyrand : « Ils demandent non pas d'être admis à la participation des droits de citoyens, mais plutôt d'être maintenus dans la jouissance de ces droits[2]. » Talleyrand propose donc que « les Juifs à

1. *Arch. Parl.*, XI, p. 364.
2. *Ibid.*

qui les lois anciennes ont reconnu la qualité de citoyens... la conservent, et en conséquence soient citoyens actifs s'ils réunissent les autres qualités exigées par les décrets de l'Assemblée[1]. »

L'Assemblée s'enflamme aussitôt[2]. A gauche, Rewbell, l'intraitable adversaire des Juifs, veut prendre la parole. Il est interrompu par des protestations. Le vicomte de Noailles intervient en faveur des Juifs de Bordeaux « qui ont donné les preuves du plus vif patriotisme[3] ... » Les interpellations fusent. Enfin Rewbell réussit à se faire entendre. Il reprend les arguments déjà développés lors du débat de décembre[4]. Il ajoute : « L'exception pour les Juifs de Bordeaux entraînera bientôt la même exception pour les autres Juifs du royaume[5]. » Et, évoquant la tension en Alsace, il s'écrie : « Après votre décret, on dira qu'il existe une confédération des Juifs et des agioteurs pour s'emparer de toutes les propriétés[6]. »

Mais il ne s'agit pas à ce moment des Juifs d'Alsace. Les élections aux fonctions municipales et départementales sont proches. Les députés de Bordeaux n'ont aucune raison, pour des considérations purement alsaciennes, de perdre les voix de leurs électeurs juifs. De Sèze, élu de cette ville, monarchiste modéré, futur avocat de Louis XVI devant la Convention, se déclare « défenseur d'un peuple malheureux, longtemps opprimé

1. *Ibid.*
2. « Cette motion excite de vives réclamations », *ibid.*
3. *Ibid.*
4. *Ibid.* : « Les Juifs se sont réunis pour exister en un corps de nation séparé des Français. Ils n'ont jamais joui de la possession d'état de citoyen actif... » Rien de plus inexact s'agissant des Juifs de Bordeaux.
5. *Ibid.*
6. *Ibid.*

par vos lois[1] ... » Il reprend avec éloquence les arguments de Talleyrand et conclut : « Si les Juifs n'ont pas occupé à Bordeaux les charges municipales..., c'est que la raison n'avait pas encore dissipé tous les préjugés et que les Droits de l'homme étaient méconnus[2] ... »

A la demande de plusieurs membres, Le Chapelier donne lecture des lettres patentes confirmant les droits des Juifs « portugais ». L'abbé Maury proteste : les lettres patentes n'accordent que des privilèges révocables, alors que l'Assemblée rendrait « un décret éternel ». Il deviendrait dès lors impossible de résister aux demandes des Juifs d'Alsace et de Lorraine[3].

Là réside le cœur du débat. Le Chapelier, député de Rennes, patriote modéré, sent le péril. Il réplique à son tour à l'abbé Maury — « Il ne s'agit que de conserver des droits acquis... » — et retourne habilement contre lui son argument : « On ne peut faire dépendre, dit-il, l'état des Juifs de Bordeaux de ceux d'Alsace[4]. »

Le marquis de Beauharnais a la maladresse de présenter une motion « proposant de conserver aux Juifs de Bordeaux les privilèges qui leur ont été accordés par Henri II[5] ». Aussitôt, les patriotes s'enflamment : « Des privilèges, aujourd'hui ! Des privilèges, quand il s'agit de droits ?... Est-on français par privilèges ? Cette expression, écrit Duquesnoy, a excité

1. *Ibid.*
2. *Ibid.*
3. *Ibid.*
4. *Ibid.*
5. *Ibid.*, p. 365.

les plus grandes réclamations[1]. » Le marquis de Beauharnais remplace le mot de « privilèges » par « droits », mais maintient la référence aux lettres de Henri II. Fureur de la gauche. De Sèze, à son tour, propose de décréter que les Juifs de Bordeaux continueront d'exercer les droits de citoyens actifs. La gauche s'apaise. Briois de Beaumetz[2] suggère d'étendre la motion aux Juifs de Bayonne. L'abbé Grégoire, qui s'est tu jusqu'à cet instant, réclame les mêmes droits pour les Juifs avignonnais[3], et, n'oubliant pas les intérêts des Juifs de l'Est, il demande à l'Assemblée de fixer un jour pour en débattre, afin, dit-il, de réfuter « les paralogismes de l'abbé Maury et autres[4] ... » Pour conclure, Le Pelletier de Saint-Fargeau[5], patriote

1. *Journal* de Duquesnoy, *op. cit.*, p. 330. Il s'agit d'un parent éloigné du vicomte de Beauharnais, guillotiné le 23 juillet 1793, époux de Joséphine.

2. 1759-1809. Député de la Noblesse de l'Artois, constitutionnel, émigra en 1792 et gagna les États-Unis, puis les Indes où il mourut.

3. Il s'agit là des Juifs avignonnais vivant en France. L'hostilité séculaire qui oppose Avignon à Carpentras allait influencer le sort des Juifs résidant dans les territoires pontificaux.

Avignon, cité commerciale, souhaitait sa réunion à la France pour accroître ses échanges. Dès avril 1790, après l'élection d'une nouvelle municipalité, les habitants chrétiens et juifs de la ville fraternisent et l'égalité civile est acquise. Le 12 janvier 1790, le conseil général de la Commune rejette l'autorité du pape et en appelle à la réunion avec la France. Les Juifs d'Avignon, par l'effet du décret pris par l'Assemblée nationale le 28 janvier 1790, se trouvèrent bénéficier aussitôt de tous les droits civils et politiques.

A Carpentras, au contraire, l'hostilité demeurait vive contre les Juifs. En juin 1790, l'assemblée représentative du Comtat refuse de leur reconnaître la qualité de citoyens. En novembre 1790, lorsqu'on supprime l'obligation pour les Juifs de porter le chapeau jaune, la population réagit en les malmenant dans la rue. C'est seulement au printemps 1791 que les discriminations les visant disparaîtront. *Cf.* R. Moulinas, *op. cit.*, pp. 149-160.

4. *Arch. Parl.*, XI, p. 365.

5. 1760-1793. Président à mortier du parlement de Paris, richissime,

acquis à la cause de l'émancipation, propose un texte reconnaissant les droits de citoyens actifs aux Juifs espagnols, portugais et avignonnais.

La droite de l'Assemblée se déchaîne alors... Au milieu du tumulte entretenu par les adversaires de la motion, on passe au vote. La première épreuve par assis/levés paraît douteuse. On recommence : en vain. Le tumulte grandit. Plusieurs membres demandent l'appel nominal. Aussitôt, raconte Duquesnoy, « 40 à 50 personnes, l'abbé Maury, M. d'Esprémenil[1], le comte de Montboissier et autres têtes de la même force, se sont à l'instant répandus dans la salle en criant, en faisant un tapage affreux : "Point d'appel ! à demain, il est trop tard, on veut nous prendre par la famine !" Il n'est point de ruse si méprisable qu'on n'ait mise en œuvre pour empêcher l'appel[2] ». Selon le *Courrier de Provence* « le parti antijudaïque a retracé lui-même l'image de la synagogue[3] ». Un autre journaliste note : « Le zèle de la maison de Dieu et la haine des Juifs donnaient à ces hommes pieux une sainte fureur[4]. » Une heure entière s'écoule dans cette

député de la Noblesse de Paris, patriote, un des auteurs du Code pénal de 1791. Député à la Convention, auteur d'un plan d'organisation de l'instruction publique, il vota la mort du Roi et fut assassiné par un garde du corps au Palais-Royal. Son corps fut déposé au Panthéon.

1. 1745-1794. Conseiller au parlement de Paris, un des chefs de l'opposition parlementaire au pouvoir royal ; élu par la Noblesse de Paris, il devint un ennemi farouche de la Révolution. Exécuté sous la Terreur.

2. *Journal de Duquesnoy, op. cit.*, p. 328. Selon les *Archives parlementaires, op. cit.*, p. 365, « il se forme dans une partie de la salle, à droite de Monsieur le Président, un groupe d'un certain nombre de députés qui s'opposent vivement à l'appel en demandant qu'il soit renvoyé à une autre séance ».

3. Cité par Léon Kahn, *op. cit.*, p. 72.

4. *Ibid.*, p. 78.

confusion. Le duc de La Rochefoucauld-Liancourt[1], indigné, tente en vain de rappeler à l'ordre les perturbateurs : « Il est du devoir et de l'honneur de l'Assemblée de ne plus retarder l'appel nominal. » Mais la droite paraît toujours décidée à interdire le vote de la motion. Des députés, debout dans la salle, réclament l'ajournement « sur le fondement que l'heure étant très avancée, plusieurs prélats et curés ont quitté la séance[2] ... » Exaspérés, les patriotes tiennent bon et refusent de lever la séance avant le vote de la motion. Enfin, « après beaucoup de débats[3] ... », l'appel nominal se déroule : Talleyrand vote oui. Des aristocrates le huent, les galeries applaudissent. « Au nom de M. de La Fayette — qui a dit oui — des applaudissements réitérés se sont aussi fait entendre[4]. » Quant à Mirabeau, il est absent.

Par 374 voix contre 224, l'Assemblée décrète enfin que « tous les Juifs connus sous le nom de Juifs portugais, espagnols, avignonnais, continueront de jouir des droits dont ils ont joui jusqu'à présent — et en conséquence jouiront des droits de citoyens actifs[5]... »

A huit heures du soir, la séance est levée. Elle a duré plus de dix heures. La délégation de Bordeaux, qui a assisté à tout le débat, triomphe : « Nous avons de suite expédié un courrier pour annoncer cette

1. 1747-1827. Grand maître de la garde-robe du Roi, député de la Noblesse aux États généraux, constitutionnel, membre du Club des Feuillants. Émigré après le 10 août 1792. Rentre en France sous Bonaparte, fait pair de France par Louis XVIII. Philanthrope, membre de l'Académie des sciences.

2. *Arch. Parl.*, XI, p. 365.

3. *Journal* de Duquesnoy, *op. cit.*, p. 328.

4. *Ibid.*

5. *Journal de la députation*, *op. cit.*, p. 74.

agréable nouvelle aux Juifs de Bordeaux, nos commettants. » Mission accomplie...

A la nouvelle du décret, il y eut à Bordeaux quelques incidents, sans grande portée[1], et plus de manifestations de sympathie que d'hostilité. « La lecture du décret en leur faveur, raconte un témoin, fut faite le soir dans un café ou étaient assemblées plus de huit cents personnes : tout le monde prêta le serment de fidélité aux décrets de l'Assemblée nationale et promit de regarder les Juifs comme frères[2]... »

A Metz, en revanche, dans le *Journal révolutionnaire* qu'il publie depuis juillet 1789, Abraham Spire note avec mélancolie : « Cette résolution constitue un affront pour les Juifs des autres provinces... On craint l'opposition des gens d'ici. Ils n'ont pas le sentiment qu'ils doivent faire bénéficier nos descendants de cette heureuse époque. Notre espoir réside en l'intervention divine[3]. »

---

1. « Quelques jeunes gens formèrent à la Bourse à Bordeaux une cabale contre les Juifs. Elle se manifesta le soir même aux spectacles, mais tous ces désagréments finirent là. Les Juifs eurent la satisfaction de recevoir le lendemain des excuses de quelques-uns de leurs ennemis ». *Arch. Parl.*, XI, p. 520.

2. *Ibid.*

3. *Op. cit.*, p. 82.

CHAPITRE VII

Une longue attente

En cet hiver 1790, les Juifs de l'Est demeuraient seuls avec leur déception. Un an après la convocation des États généraux, source de tant d'espérances, six mois après la Déclaration des droits de l'homme, le bilan de la Révolution restait pour eux tristement négatif. Ils avaient subi pendant l'été 1789 une vague de violences, un déferlement d'hostilité plus vives encore que sous l'Ancien Régime. Qu'il s'agisse des cahiers de doléances ou des déclarations des députés de l'Est à l'Assemblée, ils avaient été dénoncés comme usuriers et étrangers à la Nation. A deux reprises, l'Assemblée s'était dérobée au moment de leur reconnaître la qualité de citoyens. Si elle hésitait, c'est donc qu'il y avait matière à douter qu'ils puissent l'être. En différant sa décision, elle avait accordé à leurs adversaires une victoire importante.

Bien pis, en reconnaissant aux Juifs sépharades du Sud-Ouest et du Midi la plénitude de la citoyenneté française, l'Assemblée avait tracé une ligne de partage entre les Juifs : d'un côté, les sépharades assimilés, français à part entière ; de l'autre, les ashkénazes de l'Est, population singulière ou suspecte. En faisant bande à part, les Juifs « portugais », menés par les habiles Bordelais, avaient tiré leur épingle du jeu. Mais ils avaient aussi réduit les chances de leurs « frères » de l'Est d'obtenir sans délai la reconnaissance de leur citoyenneté.

Dans cette difficile conjoncture, les Juifs de l'Est n'avaient d'autre choix que d'accroître leur activisme politique. Ils savaient qu'ils avaient pour eux la force des principes : si l'Assemblée était appelée à se prononcer sur leur citoyenneté, elle ne pouvait la refuser sans renier la Déclaration des droits. Mais contre eux jouaient bien des facteurs négatifs, et d'abord l'indifférence de la majorité des députés à une question qui leur paraissait mineure. Ainsi, la lutte politique pour l'émancipation devenait d'abord une bataille sur l'ordre du jour. Pour les partisans des Juifs, obtenir que leur cause vînt devant l'Assemblée était déjà une promesse et presque une assurance de succès. A l'inverse, pour leurs adversaires, l'essentiel était d'ajourner sans cesse le débat.

A la Commune de Paris

Dans leur action, les Juifs de l'Est pouvaient compter sur un allié : la petite communauté des Juifs de Paris. Rien n'a été décidé explicitement à leur égard. Mais le décret du 28 janvier 1790, en admettant comme citoyens tous les Juifs « portugais, espagnols, avignonnais », bénéficie aux sépharades établis à Paris. Reste à régler le sort des quelques centaines de Juifs ashkénazes de la capitale.

Représentés par un comité fort actif, les Juifs de la capitale jouissent du soutien des députés de la Noblesse libérale de Paris, tels Clermont-Tonnerre, Du Port et le duc de La Rochefoucauld. Au sein de la Commune de Paris, ils bénéficient de l'appui de personnalités très influentes, notamment Brissot et Condorcet. De surcroît, ils disposent à la municipalité d'un ardent défenseur : Jacques Godard.

Jeune avocat au parlement de Paris, celui-ci habite rue des Blancs-Manteaux, au cœur du district des Carmélites où vivent de nombreux Juifs ashkénazes. Il connaît leurs problèmes, s'intéresse à leur condition, se passionne pour leur émancipation. Il va devenir le champion de la cause des Juifs de la capitale. Il s'informe largement[1], entretient des relations suivies avec les leaders juifs, Berr Isaac Berr de Nancy, Théodore Cerf-Berr de Strasbourg[2], qui lui adressent documents et ouvrages sur la question juive. Il participe à la rédaction de l'adresse présentée à l'Assemblée nationale le 26 août 1789. Il rédige la nouvelle adresse du 24 décembre, lors du débat sur la citoyenneté des Juifs[3]. La pétition du 28 janvier 1790 est aussi en partie son œuvre. Élu en septembre 1789 à l'assemblée des représentants de la Commune de Paris, il mesure que celle-ci, avec son organisation complexe en districts constituant autant d'îlots de souveraineté municipale[4], apparaît comme un terrain idéal pour faire

1. *Cf.* D. Feuerwerker, *op. cit.*, p. 337.

2. *Ibid.*, pp. 332 et 336.

3. Le marquis du Pastoret, juriste et écrivain renommé, lui adressa le 23 octobre 1789 son ouvrage *Moïse considéré comme législateur et moraliste*, publié en 1788, en le félicitant « de la belle cause qu'il va défendre et qui est si digne de lui ». *In* D. Feuerwerker, *op. cit.*, p. 337.

4. Les assemblées primaires des districts élaboraient des arrêtés et

progresser la cause des Juifs. Depuis le mois de juillet, ils sont nombreux à accomplir régulièrement leur service dans la garde nationale. Ils ont versé des dons patriotiques importants : Hourvitz a abandonné à la Nation le quart de son traitement, Cerf-Berr envoyé une partie de sa vaisselle d'argent à la Monnaie[1]. La population parisienne voit donc les Juifs sans défaveur. D'autre part, les élections très attendues aux fonctions municipales et départementales posent à Paris, avec plus d'acuité encore qu'en province, la question essentielle des conditions requises pour être électeur et éligible. Ce débat, qui agite la capitale en ce début d'hiver 1790, permet aisément de poser la question de la citoyenneté des Juifs. Et le soutien officiel de la Commune de Paris à la cause de l'émancipation apporterait un renfort de poids à l'Assemblée nationale.

Aussi, le jour même où la citoyenneté des Juifs du Midi est débattue à l'Assemblée, le 28 janvier 1790, une députation des Juifs de la capitale est-elle introduite à l'assemblée des représentants de la Commune de Paris siégeant à l'Hôtel de Ville[2]. Godard, quittant son siège au sein de l'assemblée, se place à la barre à la tête de la délégation, et lit un discours où « il développe leur demande avec toute la noblesse et l'éloquence possibles[3] ». Il rappelle le comportement civique des Juifs dans la garde nationale, cite en

---

des motions. Leurs comités exerçaient des attributions de police. Elles apparaissaient ainsi comme des foyers de démocratie locale. *Cf.* Lacroix, *op. cit.*, tome III, p. 109.

1. L. Kahn, *op. cit.*, p. 153.
2. *Journal de la Municipalité et des districts de Paris*, nº XLVI, p. 380.
3. Lacroix, *op. cit.*, t. III, p. 605.

exemple le « fameux Hourvitz », et invite l'Assemblée à prononcer « l'irrévocable proscription de tous les préjugés qui déshonoraient le plus la Nation française[1] ». L'abbé Mulot, qui préside, répond en termes chaleureux « qu'il sera le premier à applaudir ce qui sera déterminé de favorable pour votre nation[2] ». « Pour premier témoignage de notre fraternité », il invite la délégation à assister à la séance. L'assemblée applaudit et renvoie la discussion au 30 janvier. Elle décide l'impression des discours de Godard et de l'abbé Mulot[3].

Le lendemain, toujours à l'initiative de Godard, l'assemblée primaire du district des Carmélites, « celui qui renferme en son sein le plus de Juifs[4] », se réunit et prend une motion, votée à l'unanimité, « pour que les Juifs, dont il atteste la bonne conduite et l'entier dévouement à la chose publique, jouissent désormais des droits de citoyens actifs[5] ». Sans différer, la motion est présentée à l'assemblée de la Commune : « Si les Juifs établis à Paris ne sont pas encore français, s'écrie l'orateur de la députation, croyez-nous, Messieurs, ils ont mérité de l'être. Oserai-je en faire l'aveu ? Ils le sont déjà parmi nous. Le district des Carmélites n'a pas voulu qu'on les distinguât des citoyens. On les

1. *Ibid.*, p. 606.

2. « Votre demande tend à bannir tous les vices dont on s'est plu à accuser votre nation, à faire fleurir les vertus que vous cultivez en secret, et à ouvrir pour l'État de nouvelles sources de richesse », *in* Lacroix, *op. cit.*, t. III, p. 607.

3. 1749-1804. Représentant de la Commune de Paris. Patriote. Envoyé en mai 1790 comme conciliateur au comtat Venaissin. Député de Paris à l'Assemblée législative. Emprisonné en 1794 comme suspect. Sous le Consulat, secrétaire général de la préfecture de la Seine.

4. *Ibid.*

5. *Arch. Parl.*, X, p. 761.

admet dans les conseils ; ils partagent les honneurs et fatigues du service militaire[1]. » L'abbé Mulot complimente la délégation : « Votre district, dont l'étendue renferme plusieurs rues presque entièrement peuplées par les Juifs, est d'un grand poids lorsqu'il parle en leur faveur[2]. » Un autre prêtre, l'abbé Bertolio, plaide avec chaleur la cause des Juifs[3]. Il s'indigne qu'on puisse invoquer contre eux leur cruelle condition pour leur dénier la qualité de citoyens[4]. A sa demande, l'assemblée vote qu'il « sera donné aux Juifs de Paris un témoignage public et authentique de la bonne conduite qu'ils ont toujours montrée, du patriotisme dont ils ont donné des preuves[5] ... » Elle décide d'inviter tous les districts de la capitale à se prononcer sur leur citoyenneté. Godard remercie chaleureusement l'assemblée au nom des Juifs de Paris. Il conclut avec sensibilité, à la mode du temps : « Bénissons la Révolution qui nous rendra tous frères[6] ... »

Sans désemparer, Godard entreprend la tournée des soixantes districts de la capitale. Accompagné d'une députation des Juifs de Paris, il s'adresse aux assemblées de chacun, y donne lecture du discours du président du district des Carmélites. L'exemple est d'autant plus convaincant que, hormis ce district et

1. *Ibid.*, p. 760.
2. *Ibid.*
3. « C'est en vain qu'on voudrait faire parler le Ciel et la religion des chrétiens pour continuer à priver les Juifs des droits de l'homme. Notre religion ne prescrit rien de semblable. » *Ibid.*, p. 762.
4. « La longue durée de leurs maux n'est qu'une raison plus pressante de les faire cesser. Hâtons-nous de leur faire oublier les crimes de nos pères... » *Ibid.*, p. 762.
5. *Ibid.*, p. 763.
6. *Ibid.*

celui de Sainte-Geneviève, les autres ne comptent guère de Juifs. Toutes les assemblées se prononcent en faveur de la citoyenneté des Juifs, à la seule exception de celle des Mathurins, le quartier des fripiers de la Halle qui craignent leur concurrence[1]. Le 20 février 1790, Godard rend compte à l'assemblée des représentants de la Commune des vœux quasi unanimes des assemblées de district. Le 24 février, il lui soumet un projet d'adresse à l'Assemblée nationale, qu'il a rédigé conjointement avec trois rapporteurs : l'abbé Claude Fauchet[2], l'abbé Bertolio et de Bourges[3]. Il évoque le précédent des Juifs « portugais », reconnus citoyens le 24 janvier[4]. L'adresse de Godard est aussitôt adoptée à l'unanimité par la Commune de Paris[5].

Le 25 février, une députation de la Commune vient solennellement présenter l'adresse en faveur des Juifs de Paris à l'Assemblée nationale. L'abbé Mulot, qui conduit la députation, en donne lecture. C'est Talleyrand qui préside la séance. Il répond en termes prometteurs : « Messieurs, l'Assemblée nationale s'est fait un devoir sacré de rendre à tous les hommes leurs

---

1. Ph. Sagnac, *op. cit.*, p. 227.

2. 1744-1793. Prédicateur du Roi, membre de la Commune de Paris. Aumônier général de la garde nationale, fondateur en 1790 du Cercle social, très patriote. Évêque de Caen en avril 1791, élu à la Législative, puis à la Convention par le Calvados. Dénoncé comme complice du meurtre de Marat, il est guillotiné le 31 octobre 1793.

3. 1747-1825. Avocat, membre de la Commune de Paris, député à la Convention, membre du Conseil des Anciens, puis magistrat.

4. « Vous ne souffrirez pas, écrit-il, qu'à Paris, où des Juifs "portugais" sont domiciliés à côté des "allemands", les premiers soient comblés des faveurs de la Nation et les seconds chargés de ses mépris. Ni la raison, ni la liberté ne peuvent tolérer plus longtemps un partage aussi monstrueusement inégal... » *In* D. Feuerwerker, *op. cit.*, p. 356.

5. *Arch. Parl.*, XI, p. 698.

droits... C'est dans cet esprit... qu'elle examinera dans la justice les raisons que vous exposez en faveur des Juifs de façon si touchante[1]. » L'Assemblée applaudit. Puis Talleyrand invite la délégation aux honneurs de la séance. Et la décision est prise d'imprimer l'adresse de la Commune de Paris et sa réponse.

Sentant le climat favorable, les partisans de l'émancipation tentent de pousser leur avantage. Le 26 février, les Juifs de Lunéville et de Sarreguemines déposent un nouveau mémoire où ils se déclarent à l'unisson des Juifs de Paris[2]. Le même jour, lors de la fixation de l'ordre du jour, le duc de La Rochefoucauld-Liancourt demande à l'Assemblée de fixer la date à laquelle elle décidera de l'état civil des Juifs. Le président Target s'y oppose en faisant remarquer que la question relative aux Juifs ne concerne qu'« une portion d'hommes[3] », alors que l'Assemblée doit décider de l'organisation de la justice, de l'armée et des finances, « qui intéressent tout le royaume[4] ».

La question est à nouveau ajournée. L'offensive de Godard a échoué. Mais il n'était pas inutile que la Commune de Paris se fût prononcée en faveur de la citoyenneté des Juifs. Lorsque sera élaborée en 1790 la liste des électeurs et éligibles des sections de la capitale, un certain nombre de Juifs y figureront[5].

1. *Ibid. Cf.* Brissot, s'adressant à l'assemblée des représentants de la Commune de Paris : « Cette Adresse a été reçue avec les applaudissements que mérite votre zèle à défendre l'humanité et l'égalité des droits. » Lacroix, *op. cit.*, t. V, p. 593.

2. « Nouveau mémoire pour les Juifs de Lunéville et Sarreguemines », 26 février 1790, in *Adresses et pétitions des Juifs*, *op. cit.*

3. *Arch. Parl.*, XI, p. 710.

4. *Ibid.*

5. *Cf.* Kahn, *op. cit.*, pp. 119-120.

Ainsi, en fait, dès 1790, les Juifs de Paris exercent leurs droits de citoyens.

Pour convaincre l'opinion

Le 22 mars 1790, la question des Juifs de l'Est est à nouveau évoquée à l'Assemblée. Doit-on lui consacrer une prochaine séance ? Après discussion, le duc de Choiseul-Praslin demande l'ajournement, qui est décidé[1].

Les Juifs de l'Est savent désormais que la stratégie de leurs adversaires est d'interdire tout débat sur leur citoyenneté à l'Assemblée. Gagner du temps revient pour eux à gagner la partie. Comme l'écrit l'un des leurs, le député Pfiegler : « Aux prochains législateurs à faire droit, s'il y a lieu, à la pétition des Juifs d'Alsace[2] ... » Pour éviter l'enlisement, il leur faut donc rallier l'opinion publique à leur cause, afin d'amener l'Assemblée à s'y intéresser.

Pendant l'hiver 1790, le débat public se développe. Les Juifs de l'Est intensifient leur effort de communication. Leur pétition du 28 janvier 1790, solidement argumentée, constitue un utile document de référence[3]. Elle est donc largement diffusée.

D'autres voix éloquentes s'élèvent en leur faveur[4] :

1. *Arch. Parl.*, XII, p. 70.

2. *Réflexions sur les Juifs d'Alsace, par M. Pfiegler, député de cette province à l'Assemblée nationale*, Paris, 1790, p. 16.

3. « Pétition des Juifs établis en France pour parvenir à l'entière jouissance des droits de citoyens », *in Adresses, mémoires..., op. cit.*

4. Godard développe l'argument essentiel : « Les Juifs ne sont point des étrangers en France. Ils sont sujets de cet empire ; et par conséquent ils sont et doivent être citoyens ». Priver les Juifs de leurs droits, ce

ainsi l'abbé Lamourette, ami de Mirabeau, réplique avec sensibilité à l'abbé Maury et rappelle à l'Assemblée la Déclaration des droits de l'homme : « Vous ne pouvez plus, s'écrie-t-il, leur refuser l'existence civile sans faire chanceler les premières bases de votre édifice politique[1]. »

Surtout, les Juifs s'emploient à convaincre les populations des provinces de l'Est. En février 1790 est publiée la *Lettre d'un Alsacien sur les Juifs d'Alsace.* Elle réfute l'argument avancé par Rewbell devant l'Assemblée nationale, selon lequel « accorder aux Juifs alsaciens le droit de cité, c'était prononcer leur arrêt de mort » : « Car supposer possible le massacre de plusieurs milliers d'individus, et publier ses craintes, c'est en quelque sorte provoquer ce massacre[2]. » A Strasbourg, la Société des amis de la Constitution évoque la question des Juifs d'Alsace le 27 février 1790. Le rapport présenté à la Société[3], sans négliger

serait admettre qu'« en France, les Juifs ne seraient pas des hommes ». Il ajoute : si quelques Juifs sont « avilis », c'est « l'ouvrage des peuples qui leur ont donné asile..., le fruit des institutions qui leur ont été données ». Ni la religion ni les fêtes religieuses des Juifs ne sont des obstacles à leur citoyenneté. Loin de nuire aux provinces de l'Est, l'émancipation leur profitera, car les Juifs libérés de leurs entraves abandonneront l'usure et feront prospérer le commerce et l'artisanat. La pétition s'achève avec éloquence : « Illustres représentants de la Nation : vous êtes humains, vous mettrez donc un terme aux souffrances des Juifs. Vous êtes justes, vous les revêtirez des titres et des droits qu'ils réclament. Hâtez seulement l'époque de votre justice... » *Arch. Parl.*, XII, p. 733. La pétition est signée par les six députés des Juifs des trois provinces et par Cerf-Berr, ci-devant syndic général des Juifs.

1. « Observations sur l'état civil des Juifs, adressées à l'Assemblée nationale par l'abbé Lamourette », p. 19, *in Lettres, mémoires..., op. cit.*

2. « Lettre d'un Alsacien sur les Juifs d'Alsace, à M. Rewbell, député de cette province à l'Assemblée nationale », *in Lettres, mémoires..., op. cit.*, pp. 23-24.

3. « Rapport lu à l'assemblée de la Société des amis de la Constitution,

le rappel des principes de la Déclaration, vise à convaincre les Alsaciens que l'émancipation des Juifs, loin de leur nuire, leur bénéficiera. Il réfute la rumeur répandue dans les campagnes, selon laquelle la reconnaissance de la citoyenneté des Juifs entraînerait le paiement immédiat de leurs créances sur les paysans. Au contraire, l'ouverture aux Juifs de toutes les activités sera source de prospérité pour l'Alsace. Et c'est calomnier les Alsaciens que de leur imputer le dessein de massacrer des Juifs si on les émancipe. Le rapport est adopté en son entier par l'assemblée du Club. Celle-ci l'adresse à la Société des amis de la Constitution, à Paris, « comme étant l'expression de ses sentiments et de son opinion en cette matière, en la priant de la mettre sous les yeux de l'Assemblée nationale[1] ». La démarche était politiquement habile. Il était bon de faire réfuter par les patriotes de Strasbourg les arguments avancés par le patriote alsacien Rewbell.

En Lorraine, le jeune Goudchaux publie une lettre en réponse à l'abbé Maury[2]. Berr Isaac Berr réplique à Mgr La Fare, qui a publié son discours hostile à la citoyenneté des Juifs. Berr y reprend rapidement tous les arguments de l'Adresse du 28 janvier en faveur de l'émancipation[3]. Surtout, il avance une proposition

le 27 février 1790, sur la question de l'état civil des Juifs d'Alsace », pp. 14 et 15. *In Lettres, mémoires..., op. cit.*

1. *Ibid.*

2. « Lettre du sieur Goudchaux, Juif de Nancy, à l'abbé Maury, député à l'Assemblée nationale, sur sa motion pour l'inadmission des Juifs au droit de cité, du 5 mai 1790 », *in* D. Feuerwerker, *op. cit.*, p. 371.

3. « Après que l'Assemblée nationale a décrété les droits imprescriptibles de l'homme, sans distinguer l'homme chrétien et l'homme juif,

surprenante : les Juifs renonceront à l'éligibilité contre le droit de « rester en communauté particulière et avoir entre eux et à leur charge des rabbins et chefs, tant pour l'ordre civil que religieux[1] ». Berr échangeait le droit des Juifs, en tant que citoyens, à exercer des fonctions électives, contre le maintien de leur organisation communautaire et des pouvoirs judiciaires de leurs rabbins ! Qui plus est, il se portait fort « pour tous les Juifs habitant les provinces de Lorraine, d'Alsace et des Trois-Évêchés, de les faire agréer et souscrire ce sacrifice[2] ». Certes, en grande majorité, les Juifs de l'Est n'étaient préoccupés que d'exercer tous les droits civils des citoyens, de pouvoir se marier, acquérir des biens, commercer, s'établir librement ; les droits politiques leur étaient indifférents. Et combien d'entre eux envisageaient en 1790 de se faire élire maire d'une commune ou juge d'un district ? Mais, au regard des principes, la proposition de Berr était inacceptable. C'était admettre que les Juifs puissent demeurer des citoyens de condition inférieure par rapport aux chrétiens et même aux Juifs du Sud-Ouest ! On comprend que le neveu de Berr Isaac Berr, Jacob Berr, ait protesté contre l'insolite proposition de son oncle[3]. Elle traduit cependant l'amertume, voire

---

après qu'elle a décrété que juifs portugais, avignonnais, etc., sont compris dans le décret du Droit de l'homme, elle ne peut sans une contradiction formelle décréter le contraire pour les Juifs habitant les autres parties du royaume ». *In* « Lettre du sieur Berr Isaac Berr, négociant à Nancy, Juif naturalisé en vertu des lettres patentes du Roi, à Monseigneur l'évêque de Nancy, député à l'Assemblée nationale », p. 18, in *Lettres, mémoires..., op. cit.*

1. *Ibid.*, p. 19.

2. *Ibid.*

3. Jacob Berr, « Lettre à Monseigneur l'évêque de Nancy, le 25 avril 1790 », *in* D. Feuerwerker, *op. cit.*, p. 368.

la lassitude qui gagne les députés des Juifs de l'Est. « Qui aurait dit qu'au mois d'avril 1790, les Juifs porteraient encore les fers de l'esclavage[1] ? »

Les attaques contre les Juifs

En vérité, la prévention, l'hostilité contre eux ne désarment pas dans les provinces de l'Est. A Nancy, les Juifs demandent à la municipalité d'appuyer leur démarche auprès de l'Assemblée nationale, à l'exemple de la Commune de Paris. La municipalité diffère sa réponse — et décide enfin, le 1er juin, qu'il n'y a pas lieu à débattre de cette requête. En Alsace, les fêtes de Pâques réveillent le « fanatisme populaire[2] ». La demeure de Cerf-Berr doit être protégée par la troupe. Le capitaine de Foissac, commandant la garde nationale de la ville de Phalsbourg, auteur d'écrits contre les Juifs avant la Révolution, publie un « *Plaidoyer pour plus d'un million de citoyens contre le fléau désastreux de l'usure des Juifs*[3]. » Il en appelle à un « nouveau Titus » pour détruire la race des Juifs.

C'est de Strasbourg que part l'attaque la plus rude. Déjà, dans ses cahiers de doléances, la ville a demandé l'aggravation des dispositions prises à l'encontre des Juifs par les lettres patentes du 10 juillet 1784. C'est en vain que ceux-ci publient, en février 1790, une adresse au peuple d'Alsace, confirmant qu'ils respecteront le moratoire de leurs créances ordonné par le

1. Berr Isaac Berr, *op. cit.*, p. 5.
2. *Le Courrier de Provence*, t. VII, N° CXXXII, p. 407.
3. *Cf.* D. Feuerwerker, *op. cit.*, pp. 363-364.

Conseil souverain de Colmar en 1787. Ils promettent avec humilité leur « régénération » — « Ah, ne désespérez pas de voir une révolution salutaire s'opérer dans nos mœurs... » — si, à l'exemple des Juifs de Bordeaux, on leur accorde l'égalité des droits[1]. Les adversaires des Juifs à Strasbourg entendent susciter un vaste mouvement d'opinion contre eux et provoquent une large consultation populaire sur la citoyenneté des Juifs : « Dans quinze assemblées paritaires composées de personnes de tous les états, l'unanimité la plus entière a été contre cette admission[2]. » Une adresse à l'Assemblée nationale est rédigée et adoptée par la municipalité. Elle contient un réquisitoire sévère contre les Juifs : en Lorraine, « cent quatre-vingts familles juives ont reçu de Stanislas le bienfait de l'existence civile, et cependant, depuis 1751..., on compte à peine cinq ou six de ces familles qui se soient livrées à un commerce honnête ou avoué[3] ... » ; de même, depuis les lettres patentes de 1784 en Alsace, « les Juifs ont profité des faveurs qui leur étaient accordées. Ils ont négligé les moyens qui pouvaient les leur mériter[4] ». La conclusion s'impose : « L'expérience... doit nous faire craindre que les vices que nous leur reprochons soient inhérents à leur

1. « Adresse des Juifs alsaciens au peuple d'Alsace », p. 4, in *Adresses, mémoires..., op. cit.*

2. *Arch. Parl.*, XII, p. 711.

3. *Arch. Parl.*, XII, p. 713.

4. *Ibid.* Indignés par ces assertions de la municipalité de Strasbourg, les Juifs de Lorraine publient une réponse vigoureuse. Ils y rappellent que l'exercice des arts et métiers leur est interdit, qu'ils ne peuvent posséder que les maisons qu'ils habitent, qu'ils sont écrasés d'impôts. *Cf.* D. Feuerwerker, *op. cit.*, p. 370.

caractère particulier et peut-être à une constitution qu'ils nous cachent[1] ... »

Après cette référence à un mystérieux pacte secret des Juifs, la Commune de Strasbourg déclare qu'il n'y a aucune place pour les Juifs dans la ville. L'agriculture ? elle est inexistante, et d'ailleurs les Juifs la méprisent. Les métiers ? il n'y a déjà pas assez de travail pour les ouvriers chrétiens. Les arts ? ils ne prospèrent qu'avec le luxe, et la crise règne. Le commerce ? « il requiert la bonne foi », et « personne n'ignore que le commerce des Juifs ne subsiste que par des moyens contraires[2] ». Il ne reste aux Juifs qu'une ressource : l'usure et le brocantage. La conclusion s'impose : « Si vous ne voulez que notre bonheur, nous le croyons attaché à la non-admission des Juifs dans notre ville comme citoyens[3]. » Et la municipalité de Strasbourg forme une demande secondaire : qu'on fasse cesser la tolérance qui a permis à Cerf-Berr et à sa famille de s'établir dans la ville[4].

L'adresse signée du maire de Strasbourg, Dietrich, et de quinze élus municipaux, est déposée en avril 1790 à l'Assemblée nationale. La question des Juifs doit y être examinée le 16 à la séance du soir. Fidèle à la tactique adoptée, l'abbé Maury propose d'ajourner le débat. Il entend, dit-il, déposer un mémoire concernant les Juifs, et il serait juste que ceux-ci le connaissent afin de pouvoir y répondre. Rewbell va plus loin : il demande l'ajournement jusqu'à la complète organi-

1. *Ibid.*, p. 714.
2. *Ibid.*
3. *Ibid.*
4. *Arch. Parl.*, XIII, p. 69.

sation des pouvoirs publics, c'est-à-dire, en fait, jusqu'à l'achèvement de la Constitution.

Le duc de La Rochefoucauld d'Enville[1], qui jouit d'une grande autorité morale à l'Assemblée, intervient alors. Il souhaite que l'Assemblée arrête définitivement une date pour décider de la question des Juifs de l'Est. Il évoque les menaces qui pèsent sur eux et qui ne disparaîtront qu'avec cette décision. Au reste, ajoute-t-il, « dans l'Alsace même, on s'attend tellement à les voir déclarer citoyens que certaines communes ont déjà réservé leur part dans le partage des biens communaux[2] ». L'Assemblée se borne à renvoyer la question au Comité de Constitution.

Les Juifs d'Alsace s'inquiètent de ces ajournements successifs qui entretiennent à leur encontre un climat d'hostilité. Le 16 avril, Théodore Cerf-Berr fait parvenir au président de l'Assemblée une lettre qui énumère les « menaces et vexations » qu'ils subissent en Alsace, notamment à Strasbourg. Il demande à l'Assemblée de rappeler les municipalités au respect du décret du 28 septembre 1789, plaçant les Juifs d'Alsace sous la protection de la loi. Rœderer intervient pour proposer un décret « ordonnant aux municipalités et aux gardes nationaux de protéger de tout leur pouvoir les personnes et les biens des Juifs[3] ». Le

1. 1743-1793. Ami de Condorcet et La Fayette, député de la Noblesse de Paris, patriote. Président du Directoire de Paris sous la Législative, massacré par la foule en septembre 1792.

2. *Ibid.*, p. 69. Le duc de La Rochefoucauld était d'ailleurs mal informé. Les municipalités alsaciennes visées par lui protestèrent violemment, « attendu, dit l'une d'elles, que notre vœu est que les Juifs ne puissent jamais devenir citoyens actifs dans notre communauté, ce qui entraînerait à coup sûr notre ruine... »

3. *Arch. Parl.*, XIII, pp. 76-77.

décret est aussitôt adopté par l'Assemblée. Cependant, le 30 avril 1790, lorsqu'elle examine, à propos des départements-frontières et des villes maritimes, les conditions requises pour être français et jouir des droits de citoyen actif, l'Assemblée se garde d'évoquer le cas des Juifs des provinces de l'Est. Au contraire, le décret est voté « sans rien préjuger sur la question des Juifs, qui a été et demeure ajournée[1] ». Tous les arguments ont pourtant été avancés par les partisans et les adversaires de l'émancipation. Il ne reste plus qu'à trancher. Mais, précisément, l'Assemblée se dérobe.

Si elle hésite ainsi, c'est que la question de l'émancipation des Juifs a été habilement récupérée par les adversaires de la Révolution, qu'elle s'inscrit à présent dans un débat politique plus vaste. Pendant l'hiver 1790 ont été arrêtées les mesures nécessaires à la vente des biens de l'Église. A l'instar de Maury, la presse monarchiste, animée par un antijudaïsme virulent, fait courir la rumeur que les Juifs, une fois devenus citoyens, vont se porter acquéreurs en masse des biens ecclésiastiques. Ainsi s'empareront-ils à vil prix des domaines de l'Église. Le peuple déicide va devenir propriétaire des maisons de Dieu ! On entend susciter ainsi la fureur contre des acquisitions sacrilèges, et la jalousie à l'égard d'opérations lucratives. Un journaliste dépeint les Juifs « acheteurs tout prêts, qui attendent qu'on leur livre leur proie[2] ». A Paris, écrit un autre, « les descendants d'Aaron, de Moïse, d'Elie vont s'emparer des retraites tranquilles et riantes des disciples de saint Bruno, de saint Benoît,

1. *Le Courrier français*, t. V, n° 121.
2. *Gazette universelle*, n° 142, 30 janvier 1790.

du séraphique saint François... Où vous voyez des moines incirconcis, vous verrez des usuriers déprépucés... Une société de capitalistes juifs a offert 800 000 livres de l'emplacement des Chartreux à Paris, d'où l'on peut conclure qu'il vaut bien le double[1] ... »

On va plus loin encore. Un député d'Alsace, membre du Clergé, déclare à ses électeurs : « Vous allez être, par la vente des biens ecclésiastiques, réduits à la mendicité, les Juifs vont acquérir les biens que vous exploitez[2]. » Une campagne s'instaure pour dénoncer la corruption des députés patriotes, partisans de l'émancipation, donc vendus aux Juifs ! Ainsi, *L'Orateur du Peuple*, organe monarchiste, dépeint « Bailly, Le Chapelier, La Fayette, Malouet, Barnave et d'autres députés, se chargeant de l'affaire des Juifs moyennant 72 000 livres en argent[3] ». Après le débat du 28 janvier 1790, une caricature monarchiste représente Talleyrand, s'écriant devant un Juif qui lui présente une bourse d'or : « Roi des Juifs, tu l'emportes[4] ... » L'abbé Grégoire est évidemment la cible privilégiée des diffamateurs. Pour *Le Journal de la Cour*, il est le « judaïque prélat ». Pour *L'Ami du Roi*, « le rabbin Grégoire[5] ». Et l'accusation de corruption revient toujours. « J'aurais, raconte l'abbé, touché... des millions [des nègres], ce qui, joint à d'autres millions de la part des Juifs, m'aurait placé au rang des Crésus[6] ... »

1. *L'Observateur de Feydel* (La Reynie) du 27 février 1790.
2. *In* Ph. Sagnac, *op. cit.*, p. 230.
3. *Cf.* Kahn, *op. cit.*, p. 57.
4. *Le Rôdeur français*, n° 26, du 6 février 1790.
5. *Cf.* Kahn, *op. cit.*, pp. 63-64.
6. Grégoire, *Mémoires*, Paris, 1837, tome I, p. 393.

Les dérobades de l'Assemblée

En mai 1790, le débat en cours devant l'Assemblée nationale sur le statut de Paris donne l'occasion aux défenseurs des Juifs de reprendre l'initiative. Un représentant de la Commune de Paris, de Bourges, adresse au Comité de Constitution de l'Assemblée une lettre demandant la reconnaissance immédiate du droit de cité aux Juifs. Il en remet copie à l'assemblée des représentants de la Commune de Paris. Trois membres sont désignés pour faire un rapport : Condorcet, Brissot et Robin, tous favorables à l'émancipation des Juifs. Le 21 mai 1790, Brissot lit à l'assemblée de la Commune le texte du rapport : « Il est digne, écrit-il, d'une commune au sein de laquelle a brillé la philosophie, même sous le despotisme, de prendre en main la cause de ces victimes de l'ignorance, lorsqu'une autre commune, égarée par le fanatisme, cherche à les persécuter[1]. » Un représentant de la Commune, Rousseau, qui revient d'Alsace, proteste : « Ce serait chérir les Juifs que de ne pas les appuyer auprès de l'Assemblée nationale ; il est à craindre que les paysans, qui ont une haine fanatique contre eux, ne les immolent[2]. » D'autres membres, dont l'abbé Mulot, prennent avec chaleur la défense des Juifs. La Commune vote l'adresse à l'Assemblée nationale proposée par Brissot, Condorcet et Robin. Celle-ci n'en demeure pas moins indifférente. Le 13 juin, les Juifs d'Alsace lui adressent une nouvelle pétition. Lecture en est

1. Lacroix, *op. cit.*, tome V, p. 585.
2. *Ibid.*, p. 596.

donnée à l'Assemblée. Elle la renvoie aussitôt à son Comité de Constitution...

Certains problèmes liés à la condition des Juifs de l'Est ne pouvaient cependant demeurer en l'état. En particulier, ceux de Metz demandent depuis l'été 1789 que l'Assemblée décide la suppression de « ce droit de protection de 20 000 livres par an accordées comme don à la maison de Brancas, qui n'a aucun fondement légitime ni dans le droit des gens, ni dans celui du royaume[1] ». La question paraissait avoir été tranchée par les décrets votés par l'Assemblée depuis la nuit du 4 Août, supprimant tous les privilèges, taxes et droits particuliers. Le duc de Brancas lui-même avait fait publier en janvier 1790 un démenti des dires de la communauté juive de Metz relatifs à cette taxe de 20 000 livres par an[2] ; mais, dans le même temps, il lui réclamait en justice le paiement des arriérés de cette somme[3]. Le Comité des domaines de l'Assemblée était saisi de la question.

Le 20 juillet 1790, son rapporteur, M. de Vismes, présente à l'Assemblée les conclusions du Comité[4]. La taxe Brancas, conclut-il, ne peut être assimilée au droit d'aubaine qui permet de recueillir la succession d'étrangers morts dans le royaume, puisque les Juifs de Metz sont français. La concession de la taxe à la famille de Brancas est donc ainsi « pure grâce pécu-

1. « Mémoire particulier pour la communauté des Juifs établis à Metz, rédigé par Isaac Berr Bing, l'un des membres de cette communauté », p. 24, in *Adresses, mémoires..., op. cit. Cf. Arch. Parl.*, 14 avril 1790, XII, p. 733.

2. *Mercure de France*, 16 janvier 1790, p. 135.

3. *Arch. Parl.* XII, p. 732, note 1.

4. *Arch. Parl.*, XVII, p. 215.

niaire[1] ». Après la nuit du 4 Août et le décret des 6-11 août 1789, aucun droit de “protection” ne peut être dû à qui que ce soit. Le Comité des domaines propose donc d'abolir cette taxe. Allant plus loin, il demande la suppression sans indemnité de toutes taxes levées dans le royaume à l'encontre des Juifs.

L'Assemblée adopte aussitôt la proposition du Comité et décrète la suppression sans indemnité de la taxe Brancas et de « toutes les redevances de même nature qui se lèvent partout ailleurs sur les Juifs, sous quelque dénomination que ce soit[2] ». Une seule voix s'est élevée contre le décret : celle de Rewbell[3], l'« ennemi terrible des Juifs[4] ». Un pan important de l'ancien statut des Juifs disparaît ainsi avec la fiscalité d'excep-

1. *Ibid.*, p. 217.

2. *Arch. Parl.*, XIII, 219. La suppression de la taxe Brancas ne réglait cependant point toutes les difficultés financières qui accablaient la communauté de Metz. Celle-ci avait dû emprunter des sommes très importantes — 429 000 livres — pour faire face aux taxes et aux charges qui pesaient sur elle. Tous les membres de la communauté étaient solidairement responsables de son règlement. D'où la crainte des notables de la communauté d'avoir à acquitter sur leurs seuls biens une dette aussi considérable si les Juifs quittaient Metz à la faveur de leurs droits nouveaux. L'Assemblée, saisie de l'affaire, la soumit à son Comité de finances. Celui-ci proposa de renvoyer au directoire de Metz toutes les contestations à naître. L'Assemblée prit un décret en ce sens le 20 mai 1791. *Cf.* D. Feuerwerker, *op. cit.*, p. 417.

3. Rewbell revint à la charge le lendemain 21 juillet 1790. Selon lui, les Juifs ne payaient dans les trois provinces que des droits de protection, d'habitation et de tolérance. Les en exempter, déclara-t-il, c'était en réalité dispenser les Juifs de tous impôts, à l'encontre du principe d'égalité proclamé par la Déclaration des droits de l'homme. L'argument était fallacieux. Une discussion s'engagea alors sur la portée du décret, dans laquelle intervinrent Du Port, Regnault et Briois de Beaumetz, rejetant les demandes de Rewbell. L'Assemblée adopta alors définitivement le texte du décret supprimant toutes les taxes perçues sur les Juifs. *Arch. Parl.*, XIII, p. 219.

4. Selon les termes d'Adrien Duquesnoy, *Journal*, *op. cit.*, p. 330.

tion qui les avait accablés tout au long de l'Ancien Régime.

Mais une chose était d'abolir les taxes particulières qui frappaient les Juifs, une autre de les déclarer citoyens. En 1790, ce pas décisif, la majorité de l'Assemblée ne se résolvait toujours pas à le faire. Elle voulait bien supprimer les iniquités séculaires liées au statut des Juifs. Elle n'osait proclamer qu'ils étaient devenus les égaux des chrétiens. Le 12 août 1790 paraissent les « Instructions » de l'Assemblée nationale concernant les élections aux fonctions administratives. L'article premier précise : « Parmi les Juifs, il n'y a encore que ceux connus sous la dénomination de Juifs portugais, espagnols et avignonnais qui soient citoyens actifs et éligibles, suivant le décret du 28 janvier 1790[1]. » De même, le 11 septembre 1790, à propos de la nouvelle organisation judiciaire, lorsque l'Assemblée déclare que les non-catholiques peuvent accéder à toutes les fonctions judiciaires, elle précise, sur le rapport de Thouret, qu'« elle n'entend encore rien préjuger par rapport aux Juifs sur l'état desquels elle se réserve de prononcer[2] ».

Dans cette situation incertaine, les Juifs qui avaient obtenu sous l'Ancien Régime des lettres patentes de « naturalité » les déclarant français et sujets du Roi, entreprennent de faire reconnaître leur citoyenneté. David Silveyra, représentant des Juifs « portugais » à Paris, fort bien introduit auprès de l'Assemblée, saisit de la question le Comité de Constitution où siègent notamment Talleyrand, Le Chapelier, Rabaut Saint-

1. *In* D. Feuerwerker, *op. cit.*, p. 379.
2. *Ibid.*, p. 380. *Cf.* Sagnac, *op. cit.*, p. 232.

Etienne, Target[1], tous favorables à la cause des Juifs. Le 28 octobre 1790, le Comité publie une « décision » précisant que « l'Assemblée nationale n'a pas voulu encore s'occuper de l'état des Juifs. Mais elle a consacré ce principe que tous ceux qui, sous l'ancien gouvernement, avaient reçu légalement l'état de citoyen, devaient continuer d'en jouir. Il n'est donc pas douteux que les Juifs qui ont des lettres patentes particulières peuvent, comme les Juifs portugais, espagnols et avignonnais, invoquer le décret du 28 janvier[2] ».

Malgré ces mesures ponctuelles, à l'automne 1790, le *statu quo* perdure. La cause de l'émancipation des Juifs n'a pas progressé de façon décisive depuis 1789. Le 28 janvier 1790, l'Assemblée constituante n'a en effet reconnu aux Juifs « portugais » que des droits dont ils jouissaient déjà, pour l'essentiel, sous l'Ancien Régime. Sans doute de sujets sont-ils devenus citoyens. Mais cette évolution n'exprime que le changement général intervenu dans la Nation. Si leurs droits ont progressé, c'est moins comme Juifs que comme Français. Quant à la question essentielle de la citoyenneté des Juifs de l'Est, l'Assemblée nationale continue à l'esquiver.

Les patriotes qui souhaitent l'émancipation des Juifs sont à présent profondément divisés par le jeu des ambitions personnelles. Sans doute Adrien Du Port exerce-t-il sur l'Assemblée une influence grandissante, avec Barnave et Alexandre de Lameth qui constituent avec lui le « Triumvirat ». Mais La Fayette, dont la

1. 1733-1807. Avocat, député du Tiers État de Paris, une des auteurs de la Constitution de 1791. Refusa de défendre Louis XVI. Juge au Tribunal de cassation de 1797 à sa mort.

2. *In* D. Feuerwerker, *op. cit.*, p. 381.

popularité est à son zénith, jalouse leur ascendant. Et Mirabeau, passé au service de la Cour, combat les « Triumvirs » tout en détestant La Fayette. Plus grave encore est le conflit idéologique entre les patriotes à propos des droits des hommes de couleur. Barnave, ami des frères Lameth, qui possèdent esclaves et plantations à Saint-Domingue, apparaît comme le défenseur des colons. Ceux-ci s'opposent non seulement à l'abolition de l'esclavage, mais à la reconnaissance de la citoyenneté des gens de couleur. Or, cette cause est chère entre toutes aux patriotes les plus engagés, notamment aux membres de la Société des amis des Noirs — l'abbé Grégoire, Condorcet, Brissot, La Rochefoucauld — et aux démocrates avancés comme Robespierre ou Pétion.

Au même moment, les adversaires de l'émancipation des Juifs trouvent un renfort considérable dans l'hostilité croissante de l'Église catholique et de ses fidèles à la politique de l'Assemblée. Déjà, la vente des biens ecclésiastiques a été l'occasion, pour les adversaires de la Révolution, de mobiliser contre elle l'antijudaïsme séculaire en dépeignant la ruée des Juifs sur les domaines de l'Église. La reconnaissance de la citoyenneté des protestants, en décembre 1789, puis des Juifs du Sud-Ouest en janvier 1790, inquiète l'Église qui y voit les prémices d'une laïcisation intégrale du royaume de France. Une violente campagne est conduite par la presse antirévolutionnaire sur le thème : tous les droits pour les protestants et les Juifs, aucun pour l'Église, qu'on dépouille, et les prêtres catholiques qu'on asservit. « Tes Rois, ô peuple, écrit le *Journal de Louis XVI*, refusent aux ministres de la religion de l'État la tolérance, le repos accordés aux Juifs, aux luthériens, aux calvinistes[1] ... » Le *Journal de la Cour et de la Ville* ajoute : « Vous voulez placer le calvinisme, le judaïsme, le luthérianisme sur le trône ? Mais au moins, par grâce, daignez tolérer cette pauvre religion catholique[2] ! » Et, à la mode du temps, c'est en vers qu'on dénonce le triomphe des Juifs :

« *Par de fatals décrets, ô chrétiens,*
Il faut judaïser pour être citoyens,
Pour prêtres, nous aurons l'usurier de Judée,
Le sophiste impudent, le protestant, l'athée[3]. »

Ce conflit grandissant opposant l'Église aux patriotes paralyse toute mesure décisive en faveur des Juifs. Il explique les ajournements renouvelés par la majorité de l'Assemblée de la question de leur citoyenneté.

Le vote de la Constitution civile du Clergé, le 17 juillet 1790, rend encore plus difficile la voie de l'émancipation. La Constitution civile prévoit qu'évêques et curés seront élus par des assemblées d'« électeurs laïques » désignés par les citoyens actifs parmi les éligibles. Or la loi n'exige pas que ces « électeurs » soient catholiques. Reconnaître la citoyenneté aux Juifs, c'est les faire participer au choix de ces électeurs. Pire encore, c'est leur reconnaître la capacité d'être eux-mêmes choisis comme électeurs des curés et des évêques ! Ainsi, des Juifs pourront-ils dorénavant intervenir dans la carrière des prêtres de l'Église catholique ! Une telle perspective ne peut

1. Kahn, *op. cit.*, p. 48.
2. *Journal de la Cour et de la Ville*, 18 janvier 1791.
3. *Ibid.*

qu'exaspérer davantage les fidèles attachés à l'Église de Rome. Elle interdit dans l'immédiat tout débat sur l'émancipation des Juifs.

Ses partisans les plus résolus refusent cependant de céder au découragement. Du 18 au 30 janvier 1791, l'abbé Grégoire est désigné pour assumer la présidence de l'Assemblée nationale. Le moment paraît propice pour tenter d'arracher à celle-ci, presque par surprise, un décret en faveur des Juifs. Le 18 janvier, à la séance du soir, d'ordinaire moins fréquentée, un député, Martineau[1], membre du Comité ecclésiastique, propose que l'Assemblée décide immédiatement que le « décret du 28 janvier 1790 s'applique indistinctement à tous les Juifs de quelque nature et sous quelque dénomination que ce soit, qui ont obtenu des lettres patentes de naturalisation[2] ». Ce serait faire avaliser par l'Assemblée la décision du Comité de Constitution du 28 octobre 1790. Mais, allant plus loin, Martineau ajoute « que tous ceux qui réuniront d'ailleurs les qualités requises par la loi doivent jouir des droits de citoyens actifs[3] ». Ce serait l'émancipation générale. La proposition n'étant pas à l'ordre du jour, les adversaires de l'émancipation s'émeuvent. Le prince de Broglie s'élève contre « toute cette intrigue ourdie depuis longtemps par quatre ou cinq Juifs puissants établis dans le département du Bas-Rhin[4] ». Il dénonce « l'un d'eux, entre autres, qui a acquis une fortune immense aux dépens de l'État et répand depuis

1. 1754-1835. Député de la Vienne à la Législative et à la Convention. Girondin, vota la mort du Roi et la mise en accusation de Marat.

2. *Arch. Parl.*, XXII, p. 318.

3. *Ibid.*

4. *Ibid.*

longtemps des sommes considérables dans cette capitale pour s'y faire des protecteurs et des appuis[1] ». C'est à l'évidence Cerf-Berr que visent ces propos. Mais ils jettent la suspicion sur tous les partisans des Juifs. Évoquant ensuite la tension en Alsace, « la ville de Strasbourg en fermentation[2] », le prince de Broglie demande que la motion de Martineau soit renvoyée au Comité de Constitution et qu'on en revienne à l'ordre du jour. Un autre député, M. de Folleville, qui s'est présenté en vain à la présidence de l'Assemblée contre l'abbé Grégoire, souligne perfidement que ce renvoi s'impose d'autant plus « que si l'on adoptait le projet de M. Martineau sous la présidence de l'abbé Grégoire, on pourrait en tirer contre lui des conclusions malignes[3] ... » Au grand dam de Grégoire, le renvoi en Comité est décidé à une forte majorité.

Au mois de mai 1791, en dépit des efforts de Barnave, l'Assemblée accorde les droits politiques aux mulâtres nés de père et de mère libres. Les patriotes achèvent de se scinder sur ce vote. Mais il redonne confiance aux partisans de l'émancipation. D'autant que la confection des listes électorales à Paris, en vue des prochaines élections à l'Assemblée législative prévue par la nouvelle Constitution, offre aux Juifs de la capitale l'occasion de reprendre leurs démarches. Le 16 mai 1791, une adresse qu'ils ont rédigée est lue à l'Assemblée nationale. Ils y soulignent l'incohérence de la législation. A Paris, dans les mêmes maisons, parfois dans les mêmes familles, selon que les Juifs

1. *Ibid.*
2. *Ibid.*
3. *Ibid.*

sont bordelais ou alsaciens, ils jouissent ou sont privés du droit de vote ! L'adresse est simplement renvoyée par l'Assemblée pour information à la municipalité de Paris. Le 26 mai 1791, celle-ci écrit à l'Assemblée nationale « pour la presser d'étendre formellement aux Juifs de la capitale les conséquences des principes bienfaisants qu'elle vient encore de consacrer sur la liberté des opinions religieuses[1] ». En vain.

Le 21 juin, le Roi et sa famille quittent clandestinement Paris ; arrêtés à Varennes, ils sont reconduits sous bonne garde, le 25 juin, aux Tuileries. Dans la tempête que la fuite du souverain a suscitée, qu'importe désormais aux députés de l'Assemblée la citoyenneté des Juifs de l'Est !

---

1. *In* D. Feuerwerker, *op. cit.*, p. 385.

CHAPITRE VIII

Au dernier moment...

« Tout ce qui est injuste ne peut subsister »
ADRIEN DU PORT

Le 21 juin... Juifs de l'Est ! La fusillade du Champ-de-Mars, le 17 juillet, où La Fayette et Bailly font tirer sur la foule, consomme la rupture entre les patriotes. Les partisans des Juifs sont passés de la division à l'affrontement. Clermont-Tonnerre, pour sa part, brûle ce qu'il a adoré : il publie une critique de la Déclaration des droits de l'homme, souhaitant que les droits politiques soient réservés à ceux qui justifieront non seulement de leur statut de propriétaires, mais aussi « d'être fixés dans le pays depuis un nombre déterminé de générations[1] ... » L'abbé Grégoire est absorbé par la lutte pour les droits des hommes de couleur. La cause de l'émancipation des Juifs paraît définitivement abandonnée. Et, de fait, tout au long

1. Charles Du Bus, *op. cit.*, p. 463.

de l'été, la révision de la Constitution se déroule sans qu'à aucun moment il y soit fait allusion.

Le 3 septembre, le débat sur la Constitution s'achève. Le 14, le Roi l'accepte. En ses derniers moments, l'Assemblée constituante paraît épuisée. « Elle avait, en deux ans et demi, vécu plusieurs siècles, écrit Michelet. Elle était rassasiée d'elle-même, elle aspirait passionnément à sa fin. » A droite, les vagues successives de l'émigration, la retraite de nombre de monarchistes conservateurs, à gauche, le silence des démocrates après la fusillade du 17 juillet et les poursuites contre les républicains, tout se conjuguait pour laisser aux « Triumvirs », Du Port, Barnave, Lameth, et à leurs amis « constitutionnels », regroupés au sein du Club des Feuillants, la maîtrise de l'Assemblée.

C'est dans ce climat singulier d'une Assemblée agonisante que la question de la citoyenneté des Juifs réapparut presque inopinément. Le 27 septembre, à la séance du matin, l'Assemblée adopte un décret défendant aux citoyens « de prendre dans aucun acte les titres ou distinctions supprimés, de faire porter livrée à leurs domestiques, ou d'apposer des armoiries sur leurs carrosses[1] ». Après cet hommage rendu à l'égalité, Adrien Du Port demande la parole pour « une observation très courte[2] ». Il rappelle que la Constitution qui vient d'être promulguée a « réglé les qualités nécessaires pour devenir citoyens français, puis, de citoyens français, citoyens actifs[3] ». Comme le décret d'ajournement rendu à propos des Juifs porte atteinte

1. *Arch. Parl.*, tome XXXI, p. 372.
2. *Ibid.*
3. *Ibid.*

à ces dispositions générales, Du Port propose que « l'Assemblée le révoque et que les Juifs deviennent citoyens actifs s'ils remplissent les conditions prescrites par la Constitution ». « Je crois, ajoute-t-il, que la liberté des cultes n'admet plus qu'aucune distinction soit mise entre les droits politiques des citoyens à raison de leurs croyances. Et je crois également que les Juifs ne peuvent pas être seuls exceptés de la jouissance de ces droits, alors que les païens, les Turcs, les Musulmans, les Chinois même, les hommes de toutes les sectes, en un mot, y sont admis[1]. »

Rewbell demande aussitôt la parole contre la proposition de Du Port. Regnault de Saint-Jean-d'Angely[2] s'y oppose, déclarant que « combattre la proposition de Du Port, c'est combattre la Constitution elle-même[3] ». Le président, Thouret, ferme aussitôt la discussion et met aux voix. Et « l'Assemblée adopte la proposition de M. Du Port au milieu des applaudissements[4] ». Ironique, Rewbell fait alors observer que l'Assemblée, dans sa hâte, a voté un décret sans même en arrêter le texte. Mesurant le bien-fondé de la critique, le président invite Du Port à rédiger sa motion. Elle est aussitôt décrétée : « L'Assemblée nationale, considérant que les conditions nécessaires pour être citoyens français et pour devenir citoyens actifs sont fixées par la Constitution et que tout homme qui, réunissant lesdites conditions, prête le serment civique et s'engage à remplir tous les devoirs

1. *Ibid.*
2. 1761-1819. Avocat. Député du Tiers État, patriote modéré. Comte et président de la section de l'Intérieur au Conseil d'État sous l'Empire.
3. *Ibid.*
4. *Ibid.*

que la Constitution impose, a droit à tous les avantages qu'elle assure, révoque tous ajournements, réserves et exceptions insérés dans les précédents décrets relativement aux individus juifs qui prêteront le serment civique[1]. » Une heure de débat a suffi. Tous les Juifs français sont désormais citoyens.

Irréductibles adversaires, les députés de l'Est reviennent à la charge le lendemain 28 septembre. A la lecture du procès-verbal de la veille, le prince de Broglie intervient. Il évoque les désastreux effets que le décret ne manquera pas de susciter en Alsace. Les Juifs n'obtiennent-ils pas les droits des citoyens français, tout en conservant le bénéfice de leurs lois et institutions particulières ? Puisqu'on admet les Juifs à la citoyenneté, au moins doivent-ils abandonner en contrepartie leur statut particulier. Le prince de Broglie propose donc que « la prestation du serment civique de la part des Juifs soit regardée comme une renonciation formelle aux lois civiles et politiques auxquelles les individus juifs se croient soumis[2] ». Un député fait observer que les lois civiles des Juifs étant en fait leurs lois religieuses, on ne peut leur demander d'abjurer leur religion. L'observation paraît juste. Un projet de décret est rédigé, modifiant le texte adopté la veille et précisant que le serment civique « sera regardé comme un renoncement à tous privilèges et exceptions introduits précédemment en leur faveur[3] ». L'Assemblée adopte le décret. Elle veut l'émancipa-

1. *Ibid.*
2. *Arch. Parl.*, XXXI, p. 441.
3. *Ibid.*

tion, mais aussi l'assimilation des Juifs. Elle vient d'accorder l'une, elle entend réaliser l'autre.

Tout paraît dit, quand Rewbell demande à nouveau la parole pour quelques réflexions sur la rédaction du décret. Des murmures s'élèvent de l'Assemblée, impatiente d'en finir. Rewbell évoque aussitôt l'accusation de corruption par les Juifs : « Si vous refusez d'entendre toute discussion, soyez persuadés que dans mon pays, les ennemis du bien public feront croire aux habitants que les usuriers ont trouvé à Paris de puissantes protections[1]. » Et, d'un ton dramatique, il s'exclame : « Si l'Assemblée ne veut pas être instruite, je la rends responsable de tous les troubles que peut susciter en Alsace le décret d'hier dans un moment où les prêtres réfractaires redoublent les intrigues du fanatisme[2] ! » De guerre lasse, le président lui donne la parole. Rewbell en vient aussitôt aux questions d'argent. Il évoque « la classe nombreuse et malheureuse qui vit sous l'oppression usuraire des Juifs ». Péremptoire, il déclare que « les Juifs sont en ce moment créanciers en Alsace de 12 à 15 millions de cette classe du peuple ». Il ajoute : « Si l'on considère que la réunion des débiteurs ne possède pas trois millions, et que les Juifs ne sont pas hommes à prêter 15 millions sur 3 millions de vaillants, on sera convaincu qu'il y a au moins sur ces créances 12 millions d'usure[3] ... » Rewbell demande donc qu'en Alsace, tous les Juifs soient tenus de fournir aux administrations locales le relevé de leurs créances sur

1. *Ibid.*
2. *Ibid.*
3. *Ibid.*

les chrétiens. Les autorités apprécieront si ces débiteurs sont à même d'acquitter leurs dettes. A la nouvelle Assemblée législative de prendre ensuite toutes décisions utiles. Et Rewbell s'écrie : « Faites que nous puissions enfin dire à nos concitoyens que vous avez bien voulu venir à leur secours, et que l'Assemblée nationale n'est pas moins bien intentionnée pour eux que pour les Juifs[1] ! »

Ce que voulait en réalité Rewbell, c'était interdire aux Juifs d'obtenir paiement de leurs créances, présumées usuraires, et fortifier du coup son propre crédit politique en Alsace. La démarche était habile : car refuser de protéger des chrétiens contre des Juifs usuriers, au moment même ou l'Assemblée reconnaissait à ceux-ci la qualité de citoyens, était politiquement difficile. L'Assemblée vota donc le décret proposé par Rewbell. Paradoxalement, la bataille pour l'émancipation des Juifs s'achevait ainsi par une ultime mesure de défiance à leur encontre.

« L'Assemblée — écrivit le lendemain Madame Elisabeth, sœur du Roi, à une amie — a mis le comble à toutes ses sottises et ses irréligions en donnant aux Juifs le droit d'être admis à tous les emplois[2]. » La presse accueillit cependant la nouvelle avec indifférence. Après les tensions de l'été 1791, le pays aspirait au calme, attendant de la nouvelle Constitution l'apaisement politique. Tous les regards étaient tournés vers l'Assemblée législative qui allait se réunir le 1er octobre. Le temps des passions paraissait révolu. A

1. *Ibid.*
2. Ferdinand Dreyfus, « Comment les Juifs sont devenus citoyens français », *Revue politique et parlementaire*, juillet-septembre 1900, XXV, p. 588.

peine quelques journaux modérés ou patriotes firent-ils mention de la reconnaissance de la citoyenneté des Juifs[1]. Même à Strasbourg, la nouvelle fut reçue sans faire « la sensation que craignaient les bons patriotes[2] ».

Pourquoi ?

En ces derniers moments de la Constituante, quelles considérations avaient pu conduire Du Port et ses amis à faire proclamer ainsi par l'Assemblée la citoyenneté des Juifs ? Sans doute Du Port avait-il toujours soutenu la cause de l'émancipation. Ancien avocat au Parlement, juriste à la fois rigoureux et audacieux, il ne pouvait se résigner à ce que l'Assemblée qui avait voté la Déclaration des droits de l'homme et reconnu la citoyenneté aux Juifs du Sud-Ouest se dérobât, par une évidente contradiction, à l'accorder également aux Juifs de l'Est. Mais des considérations plus politiques renforçaient ces motifs juridiques. Les lois votées pendant l'été de 1791 avaient sensiblement renforcé les exigences de fortune requises pour être nommé électeur du second degré[3]. Dès lors, compte tenu de la condition misérable de la grande majorité des Juifs de l'Est, seuls quelques rares notables pourraient participer à la désignation des députés, des fonction-

1. *Cf.* Kahn, *op. cit.*, p. 112.

2. *Le Mercure universel*, 17 octobre 1791.

3. Le système censitaire de la Constitution de 1791 établissait plusieurs classes de citoyens actifs. Ceux formant les *assemblées primaires* payaient une contribution directe égale à la valeur de trois journées de travail. Ils désignaient les électeurs du second degré qui formaient les *assemblées électorales* nommant par voie d'élection tous les fonctionnaires, les juges, les députés.

naires et des magistrats. L'émancipation rejoignait *de facto* l'assimilation. Moralement satisfaisante, elle ne présentait plus d'inconvénients politiques.

Un autre motif plus secret inspirait peut-être Du Port et ses amis. Quelques jours plus tôt, le débat avait repris sur le statut des colonies. Les planteurs et leurs alliés n'avaient jamais accepté le décret libéral du 15 mai 1791. Comme Barnave et Lameth conduisaient avec Du Port la majorité parlementaire, le moment parut propice pour abroger ce décret et voter une loi qui assurerait le pouvoir des colons. Après un long et passionné débat, les 23 et 24 septembre, en dépit de l'opposition des démocrates — l'abbé Grégoire, Robespierre, Pétion —, l'Assemblée vota un texte rendant aux assemblées coloniales la maîtrise de « l'état des personnes non libres et l'état politique des hommes de couleur et des nègres libres ». C'était, en fait, les placer dans la main des colons. Et le lendemain de l'émancipation des Juifs, le 28 septembre, l'Assemblée décrétait que toute personne qui se trouvait sur le territoire de la France était libre, quelle que fût sa race. L'esclavage aux colonies était *a contrario* maintenu. La victoire du lobby colonial était acquise, le Comité Massiac l'emportait sur les amis des Noirs. Deux ans après avoir proclamé que tous les hommes naissent libres et égaux en droits, l'Assemblée baissait la tête devant les planteurs et de leurs alliés métropolitains. Elle consacrait l'esclavage, cette négation absolue des Droits de l'homme, et abandonnait les gens de couleur au pouvoir des colons. Pareille capitulation idéologique, pareil reniement de leur idéal par des hommes qui avaient qualifié la Déclaration de « catéchisme national », appelaient sans doute, en l'âme des meilleurs d'entre eux, une sorte de compensation morale. A l'instant de se séparer, s'ils sacrifaient les Noirs, au moins libéraient-ils les Juifs.

Mais l'abbé Grégoire qui avait tant combattu pour les uns et les autres, avec une égale ardeur, une même générosité, pouvait-il, ce 27 septembre 1791, s'estimer satisfait ? La partie la plus souffrante de l'humanité restait prisonnière de ses chaînes au moment même où les Juifs voyaient briser les leurs, parce qu'ils étaient proches, parce qu'ils étaient blancs.

REMERCIEMENTS

Je remercie tout particulièrement Monsieur Jean FAVIER, directeur général des Archives nationales, et ses collaborateurs dont le concours amical et éclairé s'est avéré, en cette circonstance comme en tant d'autres, irremplaçable. J'associe à ces remerciements Madame Lucie ROUX, conservateur en chef des Archives de la région Lorraine, Monsieur Jacques D'ORLÉANS, conservateur en chef des Archives du Bas-Rhin, Monsieur Jean VALETTE, conservateur en chef des Archives de la Gironde, Monsieur Jean CAVIGNAC, conservateur aux services d'Archives départementales de la Gironde, Monsieur Hubert COLLIN, directeur des services d'Archives de Meurthe-et-Moselle, et leurs collaborateurs qui ont grandement facilité mes recherches.

Je dis ma gratitude à Monsieur Jean BECARUD, conservateur en chef de la Bibliothèque du Sénat, à Madame Françoise BERMANN, conservateur à la Bibliothèque nationale, à Madame Monique POULIQUEN, conservateur en chef de la Bibliothèque historique des Archives nationales, à Madame Yvonne LEVYNE, Bibliothécaire à l'Alliance israélite universelle, et à leurs collaborateurs pour leur patiente assistance.

A Patrice GUENIFFEY, pour son assistance éclairée et cordiale, à Jean-Denis BREDIN pour son affectueuse vigilance, à Michèle RESERVAT pour son incomparable dévouement, à Micheline AMAR pour son concours amical, j'exprime ma reconnaissance.

Enfin, je remercie Bernhard BLUMENKRANZ, historien éclairé du judaïsme français, dont les critiques et suggestions m'ont été très précieuses, ainsi que Gérard NAHON.

R.B.

BIBLIOGRAPHIE

ANCHEL, R., *Les Juifs de France*, Paris, J.-B. Janin, 1945, t. 93, 1932.

ANCHEL, R., *Napoléon et les Juifs. Essai sur les rapports de l'État français et du culte juif de 1806 à 1815*, Paris, P.U.F., 1928.

Archives parlementaires de 1787 à 1860. Première série (de 1787 à 1799) publiées sous la direction de J. Mavidal et E. Laurent, t. 1-32, Paris, 1862-1888.

AULARD, A., *Histoire politique de la Révolution française*, Paris, 1901.

BARRIÈRE, P., *L'Académie de Bordeaux, centre de culture international au XVIIIe siècle, 1712-1792*, Bordeaux, Bière, 1951.

BENG, R., « Synagogues à Paris », *Lettre... à M. l'abbé Maury, député à l'Assemblée nationale constituante*, Paris, 1790.

BERR Isaac Berr, *Réflexions sur l'enregistrement de l'Édit des non-catholiques au parlement de Metz, 10 mars 1788, et projet pour rendre les Juifs plus utiles et plus heureux en France*, Archives nationales 154 AP 2.

BENOT, Y., *La Révolution française et la fin des colonies*, Paris, La Découverte, 1988.

BLUMENKRANZ, B., « A propos des Juifs dans les Cahiers de doléances », *AHRF*, numéro 30, 1967.

BLUMENKRANZ, B., *Bibliographie des Juifs en France*, Toulouse, Privat, 1974.

BLUMENKRANZ, B., (Sous la direction de), *Histoire des Juifs en France*, Toulouse, Privat, 1972.

BLUMENKRANZ, B., Soboul, A. (Sous la direction de), *Les Juifs et la Révolution française. Problèmes et aspirations*, Toulouse, Privat, 1976.

BREDIN, J.-D., *Sieyès, la clé de la Révolution française*, Paris, Éd. de Fallois, 1988.

BRETTE, A., *Recueil de documents relatifs à la convocation des États généraux de 1789*, Paris, 1894-1915, 4 vol.

BUTEL, P., Poussou, J.-P., *La vie quotidienne à Bordeaux au XVIIIe siècle*, Paris, Hachette, 1980.

CAHEN, A., « L'émancipation des Juifs devant la Société royale des sciences et des arts de Metz », *Revue des études juives*, t. 1, 1880.

CAHEN, A., « Les Juifs de Metz, budget de la communauté », *Mémoires de la Société d'archéologie lorraine*, 3e série, t. 3, 1875.

CAVIGNAC, J., *Dictionnaire du judaïsme bordelais aux XVIIIe et XIXe siècles*, Bordeaux, Archives départementales de la Gironde, 1987.

CHASSIN, C.-L., *Les Élections et les Cahiers de Paris en 1789*, Paris, 1888-1889, 4 vol.

CHEVALIER, Y., *L'antisémitisme*, préface de F. Bourricaud, Paris, Éditions du Cerf, 1988.

CLÉMENT, R., *La condition des Juifs de Metz sous l'Ancien Régime*, Paris, 1903.

CLOOTS, A., *Lettre sur les Juifs à un ecclésiastique de mes amis, lue dans la séance publique du Musée de Paris, le 21 novembre 1782...*, Berlin, 1783.

Dictionnaire universel français-latin (Dictionnaire de Trévoux), 1771-1772, t. 5.

Encyclopédie de Diderot et d'Alembert, New-York, Londres, Pergamon Press, 1982, 5 vol.

DOHM, C.-W., *De la réforme politique des Juifs* (1782), préface de D. Bourel, Paris, Stock, 1984.

DREYFUS, F., « Comment les Juifs sont devenus citoyens français », *Revue politique et parlementaire*, t. 25 (juillet-septembre 1900).

DU BUS, C., *Stanislas de Clermont-Tonnerre et l'échec de la Révolution monarchique*, Paris, Librairie F. Alcan, 1931.

DUQUESNOY, A., *Journal... 3 mai 1789-3 avril 1790*, édité par R. De Crèvecœur, Paris, 1894, 2 vol.

EXPILLY, Abbé J.-J., *Dictionnaire géographique, historique et politique des Gaules et de la France*, Paris, 1762-1770, 6 vol.

FEUERWERKER, D., *L'Émancipation des Juifs en France de l'Ancien Régime à la fin du Second Empire*, Paris, Albin Michel, 1976.

FEUERWERKER, D., « Les Juifs en France. Anatomie de 307 Cahiers de doléances de 1789 », *Annales E.S.C.*, N° 1, 1965.

GINSBURGER, M., *Cerf-Berr et son époque*, Guebwiller, 1908.

GINSBURGER, M., « Les familles Lebmann et Cerf-Berr », *Revue des études juives*, t. 59, 1910.

GINSBURGER, M., « Samuel Lévy, rabbin et financier », *Revue des études juives*, t. 65-66, 1913.

GIRARD, P., *Pour le meilleur et pour le pire, vingt siècles d'histoire juive en France*, Bibliophane, 1986.

GIRARD, P., *La Révolution française et les Juifs*, Paris, Robert Laffont, 1989.

GODECHOT, J., « Les Juifs de Nancy de 1789 à 1795 », *Revue des études juives*, t. 86, 1928.

GODECHOT, J., « Les professions des Juifs nancéiens au XVIIIe siècle », *Revue juive de Lorraine*, t. 2, 1926.

GRÉGOIRE (Abbé), *Essai sur la régénération physique, morale et politique des Juifs*, préface de R. Hermon-Belot, Paris, Flammarion, 1988.

GRÉGOIRE (Abbé), *Essai sur la régénération physique, morale et politique des Juifs*, préface de R. Badinter, Paris, Stock, 1988.

GRÉGOIRE (Abbé), *Mémoires...*, publiés par H. Carnot, Paris, 1837, 2 vol.

GROSCLAUDE, P., *Malesherbes, témoin et interprète de son temps*, Paris, Fischbacher, 1961.

HARSOMY E., « Metz pendant la Révolution », *Mémoires de l'Académie nationale de Metz, années CXXXIX-CXL*, 5e série, t. 59, 1957-1959, Metz, éditions de Lorraine, 1960.

HELL, J.-F., *Observations d'un Alsacien sur l'affaire présente des Juifs d'Alsace*, Francfort, 1779.

HERTZBERG, A., *The French Enlightment and the Jews*, New York, London, Columbia University Press, 1968.

HILDENFINGER, P.-A., *Documents sur les Juifs à Paris au XVIIIe siècle. Actes d'inhumation et scellés*, Paris, 1913.

HOURVITZ, Z., *Apologie des Juifs en réponse à la question : « Est-il des moyens de rendre les Juifs plus heureux et plus utiles en France ? »*, tome IV, Edhis, Paris 1968.

Journal de la députation de Bordeaux, in Registre et répertoire des délibérations de la nation juive, 1790, Archives départementales de Gironde.

KAHN, L., *Les Juifs de Paris au XVIIIe siècle, d'après les archives de la Lieutenance générale de police à la Bastille*, Paris, 1894.
KAHN, L., *Les Juifs de Paris pendant la Révolution*, Paris, 1899.
LACRETELLE, P.-L. de, *Plaidoyers*, Bruxelles, 1775.
LACROIX, S., *Actes de la Commune de Paris pendant la Révolution*, 1re et 2e séries, Paris, 1894-1914, 15 vol.
LATRICE, P., « L'Abbé Grégoire, Ami de tous les hommes » ; « La régénération des Juifs », *Mélanges de Science religieuse*, XXXVI, numéro 3, septembre 1979.
LEMALET, M., « L'émancipation des Juifs de Lorraine à travers l'œuvre de Berr Isaac Berr », *Actes du Colloque tenu en Sorbonne les 18 et 19 novembre 1986*, Paris, P.U.F.
Lettres patentes du Roi, confirmatives des privilèges dont les Juifs portugais jouissent depuis 1550, données à Versailles au moins de juin 1776, Paris, 1781.
LEVYLIER, R., *Notes et documents concernant la famille Cerf-Berr*, Paris, 1902-1906, 3 vol.
LÉON, H., *Histoire des Juifs de Bayonne* (1893), Marseille, Laffitte Reprints, 1976.
LIBER, M., « Les Juifs et la convocation des États généraux », *Revue des études juives*, t. 63-66, 1912-1913.
MALESHERBES, *Mémoire sur le mariage des protestants*, Paris, 1785.
MALESHERBES, *Second mémoire sur le mariage des protestants*, Paris, 1786.
MALINO, F., *Les Juifs sépharades de Bordeaux, assimilation et émancipation dans la France révolutionnaire et impériale*, traduit par J. Cavignac, *Les Cahiers de l'IAES*, N° 5, 1984.
MALVEZIN, Th., *Histoire des Juifs de Bordeaux*, Bordeaux, 1875.
MARLIN, F., *Voyages en France et pays circonvoisins depuis 1775 jusqu'en 1807*, Paris, 1817, 4 vol.
MAUPASSANT, J. de, *Abraham Gradis et l'approvisionnement des colonies*, Bordeaux, 1909.
Mémoire remis par les députés juifs de Bordeaux à Monsieur de Malesherbes, Ministre d'État, introduction et notes de J. Cavignac, Bordeaux, Archives départementales de Gironde, 1988.
MENDELSSOHN, *Lettres juives du célèbre Mendelssohn, philosophe de Berlin*, Francfort, La Haye, 1771.
MERCIER, L.-S., *L'An 2440, rêve s'il en fut jamais, Suivi de l'Homme de fer, Songe*, (S.I.), 1786, 3 vol.

MICHÆLIS, *Orientalische und Exegetesche bibliothek*, Frankfurt am Main, 1782.

MICHELET, J., *Histoire de la Révolution Française*, édition établie par G. Walter, Paris, Gallimard, Bibliothèque de La Pléiade, 1952, 2 vol.

MIRABEAU, *sur Moses Mendelssohn, sur la réforme politique des Juifs, in* « La Révolution française et l'émancipation des Juifs », t. 1, Edhis, Paris, 1968.

MONTESQUIEU, *De l'esprit des Lois*, Paris, Garnier-Flammarion, 1979, 2 vol.

MOULINAS, R., *Les Juifs du pape en France. Les communautés d'Avignon et du comtat Venaissin aux XVIIe et XVIIIe siècles*, Toulouse, Privat, 1981.

NAHON, G., *Les Nations juives portugaises du Sud-Ouest de la France, 1684-1791*, Documents, Centro cultural portugues, Paris, 1981.

PFISTER, C., *Histoire de Nancy*, Paris, 1902-1909, 3 vol.

PFLIEGER, *Réflexions sur les Juifs d'Alsace...*, Paris, 1790.

PLUCHON, P., *Nègres et Juifs au XVIIIe siècle, le racisme au siècle des Lumières*, Paris, Tallandier, 1984.

POLIAKOV, L., *Histoire de l'antisémitisme*, nouvelle édition, Paris, Hachette-Pluriel, 1981, 2 vol.

Procès-Verbal de l'Assemblée nationale, imprimé par son ordre, Paris, 782 numéros en 75 volumes.

La Révolution française et l'émancipation des Juifs, Paris, Edhis, 1968, 8 vol. Notamment t. 1 (Mirabeau, *Sur Moses Mendelssohn, sur la Réforme politique des Juifs*), 2 (M. Thiery, *Dissertation sur cette question : est-il des moyens de rendre les Juifs plus heureux et plus utiles en France ?*), 4 (Z. Hourvitz, *Apologie des Juifs...*), 5 (*Adresses, mémoires et pétitions des Juifs. 1789-1794*), 6 (*Discours, lettres et rapports de la Commune et des districts de Paris, 1790-1791*), 8 (*Lettres, mémoires et publications diverses, 1789-1806*).

REUSS, R., « L'Alsace pendant la Révolution française », *Revue d'Alsace*, nouvelle série, t. 3, 1879.

RIALS, S., *La Déclaration des droits de l'homme et du citoyen*, Paris, Hachette-Pluriel, 1988.

RŒDERER, P.-L., *Œuvres...*, Paris, 1853-1859, 8 vol.

ROUBIN, N., « La vie commerciale des Juifs comtadins en Languedoc au XVIIIe siècle », *Revue des études juives*, t. 34-36, 1896-1897.

SAGNAC, Ph., « Les Juifs et la Révolution Française (1789-1791) », *RHMC*, t. 1, 1889.

SELIGMANN, E., *La Justice en France pendant la Révolution*, Paris, 1901.

SÉVIGNÉ, Madame de, *Correspondance*, édition R. Duchêne, Paris, Gallimard, bibliothèque de La Pléiade, 1972-1978, 3 vol.

SPIRE, A., *Journal révolutionnaire...*, présenté et traduit par S. Schwarzfuchs, Paris, Verdier, 1989.

SZAJKOWSKI, Z., « La délégation des Juifs de Bordeaux à la Commission Malesherbes en 1788 et à l'Assemblée nationale de 1789 », *Zion*, t. 18, 1951.

SZAJKOWSKI, Z., *Jews and the French Revolutions of 1789, 1830 and 1848*, New York, Ktav Publishing House, 1970.

THIERY, C.-A., *Dissertation sur cette question : « Est-il des moyens de rendre les Juifs plus heureux et plus utiles en France ? », in* « La Révolution française et les Juifs, tome II, Edhis, Paris, 1968.

TOCQUEVILLE, A. de, *L'Ancien Régime et la Révolution*, Paris, Gallimard, 1953, 2 vol.

TRIBOUT de MOREMBERT, H., « Considérations sur le concours de l'Académie royale de Metz de 1787 et 1788 », *Mémoires de l'Académie nationale de Metz*, 6e série, Metz, éditions Le Lorrain, 1974.

TURGOT, *Œuvres*, édition G. Schelle, Paris, librairie F. Alcan, 1913-1923, 5 vol.

WEILL, G., « Un texte de Montesquieu sur le judaïsme », *Revue des études juives*, t. 49, 1904.

WEYL, R., et DALTROFF, « Le cahier de doléances des Juifs d'Alsace », *La Revue d'Alsace*, n° 109, 1983.

JOURNAUX

L'Ami du Peuple ou le Publiciste parisien (Marat).

Courrier de Provence, pour servir de suite aux Lettres du Comte de Mirabeau à ses Commettants (Mirabeau).

Courrier de Versailles à Paris et de Paris à Versailles, puis (20 octobre 1789) *Courrier de Paris dans les provinces et des*

provinces à Paris, puis (3 août 1790) *Le Courrier de Paris dans les LXXXIII Départements*, puis (1er mars 1791) *Le Courrier des LXXXIII Départements* (Gorsas).
Courrier français (Poncelin de La Roche-Tilhac).
Gazette de Paris (Du Rozoi)
Gazette Universelle, ou Papier-Nouvelles de tous les pays et de tous les jours (Boyer et Cerisier).
Journal d'État et du Citoyen (Mlle de Kéralio).
Journal de la Municipalité des districts de Paris (Bayard).
Journal de Paris (Garat, Rœderer).
Journal de Versailles, ou Affiches, annonces et avis divers (Regnault de Saint-Jean-d'Angély).
Journal des Débats et des Décrets (Gaultier de Biouzat)
Journal général de la Cour et de la Ville (Brune et Gautier).
Mercure de France, dédié au Roi (Mallet Du Pan).
Mercure universel (Tournon)
Moniteur universel
L'Observateur de Feydel (La Reynie)
Le Patriote français (Brissot, Girey-Dupré).
Le Point du Jour, ou Résultat de ce qui s'est passé la veille à l'Assemblée nationale (Barère).
Révolutions de France et de Brabant (Desmoulins).
Révolutions de Paris (Loustalot, Chaumette, Maréchal, Fabre d'Églantine).
Le Rôdeur français (de Villenave).

Index

TABLE

Composition réalisée par C.M.L., Montrouge
Achevé d'imprimer en avril 1989
sur presse CAMERON
dans les ateliers de la S.E.P.C.
à Saint-Amand-Montrond (Cher)
pour le compte de la librairie Arthème Fayard
75, rue des Saints-Pères — 75006 Paris

Imprimé en France
Dépôt légal : avril 1989
N° d'édition : 3213 – N° d'impression : 875
35-14-8124-02
ISBN 2-213-02352-2

35-8124-6